Karl Knortz

Staat und Kirche in Amerika

Vortrag gehalten in den Zionskirche zu Johnstown

Karl Knortz

Staat und Kirche in Amerika
Vortrag gehalten in den Zionskirche zu Johnstown

ISBN/EAN: 9783743494640

Hergestellt in Europa, USA, Kanada, Australien, Japan

Cover: Foto ©Lupo / pixelio.de

Weitere Bücher finden Sie auf **www.hansebooks.com**

Staat und Kirche in Amerika

Vortrag

gehalten in der

Zionskirche zu Johnstown, Pa.

von

Karl Knortz

Gotha
Stollbergsche Verlagsbuchhandlung
1882

Die Vereinigten Staaten sind in jeder Hinsicht das gesegnetste Land der Erde; denn sie bieten ihren Bürgern nicht allein unerschöpfliche Schätze des Bodens, sondern auch die ausgedehnteste Freiheit in politischer, sozialer und religiöser Hinsicht. Ihre Constitution unterscheidet sich von allen alten und modernen dadurch vortheilhaft aus, daß sie erstens das größtmögliche Maaß der Rede- und Preßfreiheit einräumt und daß sie zweitens keine bevorzugte Staatsreligion anerkennt und somit kein Bürger irgend welchen religiösen Zwangsmaßregeln ausgesetzt ist. Sie kennt keine Katholiken, Protestanten, Juden und Buddhisten, sondern einfach und allein republikanische Bürger, deren Ueberzeugung ihr gleichgiltig ist, vorausgesetzt, daß sie sich nicht in einer Art und Weise manifestirt, die den Civilgesetzen widerspricht. Letztere sorgen für Aufrechterhaltung der öffentlichen Moral; für die Religion muß jedoch ein jeder Bürger selbst sorgen, wenn er mit Moral allein nicht selig zu werden glaubt.

Da es nun in der ganzen Welt Nichts gibt, in dem die Leute weniger übereinstimmen als in den Lehren und Dogmen der Religion, so ist dahier die individuelle Gewissensfreiheit zu einem unverletzlichen Rechte erhoben worden und dadurch ist es sicherlich auch kein Wunder, daß kein Land der Erde so zahlreichen, heterogenen Secten Leben, Gelegenheit und. Raum zur Entwickelung gegeben hat, als das freie, republikanische Nordamerika. Wer hier nicht an das neue Testament glaubt, braucht blos das alte zu lesen; wem die Taufe nicht gefällt, mag in der Beschneidung Ruhe und Trost finden, oder auch beides unterlassen; wer da in Jakob, David und

1

Salomo heilige Mustermenschen sieht und den kategorischen
Imperativ zur Nachahmung derselben in sich verspürt, kann
dies auch sogar in Bezug auf die Polygamie thun, d. h. so
lange man es den Mormonen in Utah noch stillschweigend
erlaubt; wer da gar nichts von der Ehe wissen und lieber
Brunst leiden will um das männliche und weibliche Princip
wieder rückwärts in ein Individuum zu concentriren, der
ziehe einen langen, altfränkischen Rock an und schließe sich
entweder den englischen Shakers oder den schwäbischen Rappisten
in Pennsylvanien an; huldigt er entgegen aus religiös-
wissenschaftlich-socialen Gründen der Doctrin von der freien
Liebe, so findet er wohl in der Oneida-Gesellschaft Aufnahme,
wo außer der Güter- auch die Weibergemeinschaft geduldet
wird; glaubt er an Geister und ihre directe Einwirkung auf
die Menschheit, so findet er in der Kirche der Swedenborgianer
seine Sehnsucht gestillt; kommt ihm die orthodoxe Lehre von
der Dreieinigkeit nicht allein sonderbar, sondern auch unerklärlich
vor und hält er Jesum einfach für einen edlen Volkslehrer
aus Nazareth, so geben ihm die Unitarier trotz alledem Gelegenheit, sich das Heil seiner Seele zu vergewissern; besitzt er
den alleinseligmachenden Glauben und findet er die Unfehlbarkeit des Papstes und die Heiligkeit der Maria mit seinem
Glauben in Einklang oder dünkt ihm die Welt zu sündenvoll
und verdorben, sodaß er darin Schaden an seiner Seele
nehmen könnte, so braucht er sich blos auf der Straße irgend
eines amerikanischen Städtchens umzusehen, so sieht er allda
eine seinen Ansichten geweihte Kreuzkirche und ein mit hohen
Mauern umgebenes Kloster, in das er sich ohne daß sich
die hohe Polizei auch nur im Allergeringsten darum bekümmert,
für den Rest seiner Tage zurückziehen kann. Fühlt er wie das
Bleigewicht unzähliger Sünden sein Herz beschwert und kommt
er wie Luther zu der felsenfesten Ueberzeugung, daß der
Mensch nur durch Furcht und Zittern selig werden kann,
nun, so setze er sich auf die Sündenbank der Methodisten
und bald wird er das Wesen des heiligen Geistes verspüren;
schafft ihm aber das tolle, wahnsinnige Gebahren jener Secte

auch noch keine innere Linderung, so gehe er zur extremsten
Fraktion derselben, zu den pennsylvanischen Jumpers oder
Albrechtsbrüdern, hüpfe, rase, tobe und falle zur größeren
Ehre Gottes in convulsivische Verzückungen und so lange
ihm dabei sein bischen Verstand nicht dermaßen abhanden
kömmt, daß seine Nachbarn darunter zu leiden haben, läßt
ihn Gott und die Welt in Ruhe und auf seine Façon selig
werden. Gibt er vor, trotzdem er einen Blitzableiter auf dem
Dache hat und in Krankheitsfällen den Arzt consultirt, an
eine absolute Prädestination zu glauben, so wird er von den
Presbyterianern, die seit einiger Zeit gewaltig Jagd auf
Proselyten machen, mit offenen Armen aufgenommen. Ist
er sicher, daß unbedingt der Untergang der Welt nahe bevor-
stehe, so werden ihm die Milleriten Zeit und Stunde jener
Katastrophe genau bestimmen und an Gelegenheit vorher
sein Hab und Gut verschenken zu können, wird es sicherlich
auch nicht fehlen. Ist er ein echter lutherischer Buchstaben-
held, der da die Vernunft unter die Bank würgt, damit
„das Wort stahn bleibe" und dem da die Abendmahlsgemein-
schaft mit reformirten und anderen Ketzern ein Gräul und
Aergerniß ist, so gehe er in die zur sogenannten Missouri-
synode gehörenden Kirchen und lasse sich die lutherischen
Unfehlbarkeiten des Prof. Walther vordemonstriren. Will
er in der Kirche aus Gesundheits- und anderen Rücksichten
den Hut auf dem Kopfe behalten, will er weder einen falschen
noch echten Eid schwören und zieht er vor Streitigkeiten mit
seinen Nachbarn auf dem friedlichen Privatwege zu schlichten,
so kaufe er sich einen Quäkerhut. Glaubt er nicht an die
Taufe der unmündigen Kindlein und fühlt er an sich selber,
daß ihm dadurch z. B. wenig Heil widerfahren ist, so findet
er ohne besondere Mühe einen Baptistenprediger, der ihn
selbst im kältesten Winter an einen Fluß geleitet und ihn
dreimal bis über den Kopf ins Wasser taucht. Will er aber
weder von der Bibel noch vom Talmud etwas wissen, so
hat kein Mensch auch nur das Allergeringste dagegen, wenn
er sich religiöse Erbauung mittelst des Koran oder des Zend-

Avesta vornimmt; er kann auch Buddhist werden und im Dhammapada den einzig richtigen Weg zur Tugend und in Nirwana das einzige Loos der Seele erblicken. Er kann zum alten Jupiter beten, Odin in einem Eichwald verehren und auf den Havamal schwören, ohne daß Jemand etwas dagegen einwenden wird und wenn er sonst ein anständiger, ehrlicher Mensch ist, der seine Schulden und Steuern zur rechten Zeit bezahlt, so büßt er in der öffentlichen Achtung nicht das Geringste ein; denn bei dem Amerikaner ist das Princip der religiösen Gleichberechtigung längst in Fleisch und Blut übergegangen und nichts liegt ihm ferner, als die freie Selbst= bestimmung des Individuums zu beeinträchtigen. Glückliches, beneidenswerthes Land, wo solche Ansichten zur allgemeinen Geltung gekommen sind! Darum kommet her, ihr, die ihr stark im Glauben, aber schwach in der Erkenntniß seid, kommet her, ihr Armen am Geiste, ihr Blinden in der Ver= nunft, ihr Lahmen am Verstand, kommet her, ihr Deisten, Atheisten, Materialisten und Spiritualisten versammelt euch unter dem roth=weiß=blauen Sternenbanner der Union als dem einzigen Platze auf der großen, weiten Erde, wo ihr Hütten bauen und einmüthiglich bei einander wohnen könnt! Hier seid ihr alle souverän und fühlt, daß ihr zur Freiheit berufen seid. Keine staatliche Gewalt kümmert sich um euch; glaubt was ihr wollt, zahlt rechtzeitig eure Steuern und lebt im Uebrigen so, daß ihr nicht mit den Landesgesetzen in Conflict gerathet und ihr habt Frieden auf Erden und bei den Menschen Wohlgefallen. Ihr braucht keine Steuern, weder für Erhaltung eines Predigers noch einer Kirche, weder für die Mission der Südsee=Insulaner noch anderer Kaffern, überhaupt für irgend welche religiöse Zwecke zu zahlen, vorausgesetzt, daß ihr dies nicht freiwillig thun wollt. Ob ihr Euch einer Kirche anschließen wollt, sei es nun einer aristokratischen, in der man sich nicht ohne ein hochzeitliches Kleid sehen lassen darf, oder einer „little church around the corner," die man im Nothfalle in Hemdsärmeln betreten kann, ist gänzlich eure Privatsache.

Auch um euren Geistlichen kümmert sich keine weltliche
Obrigkeit. Ob derselbe seine Studien hinter dem Pfluge, auf
der Schusterbank oder auf einem berühmten College gemacht
hat, ist ihr gänzlich gleichgiltig, denn derselbe hat lediglich
euch und weiter Niemanden zu befriedigen; ob ihr ihm
jährlich hundert Dollars zahlt und ihn Mittags auf der
Reihe herum essen laßt, oder ob ihr ihm jährlich wie dem
Beacher 25,000 Dollars gebt und ihm im Falle eines Ehe-
bruchsprocesses noch einen Zuschuß von 100,000 Dollars
gewährt, habt ihr blos mit eurem Geldbeutel abzumachen;
ob ihr ihn Sonntags einmal oder zweimal predigen laßt,
ob ihr ihm dann und wann eine Ferienzeit für Erholungs-
reisen bewilligt, ob euch derselbe nur Bibelsprüche oder Sen-
sationsreden über nächtliche Besuche in Vergnügungshäusern
à la Rev. Talmadge vorzutragen hat — alles dies habt ihr
allein unter euch abzumachen. Auch verlangt man niemals
von euch Legitimationspapiere darüber, ob ihr eure Kinder
taufen, beschneiden, confirmiren oder firmeln ließt. Denn
Amerika hat das große Problem der Trennung des Staates
von der Kirche zur Befriedigung beider Theile gelöst; es hat
sich die klare Lehre der Geschichte und vorzugsweise seiner
eigenen Geschichte wohl beherzigt, daß eine vom Staate pro-
tegirte Religion nie und nimmer wahre, ungeheuchelte Religiosität erzielen kann, sondern daß der wahre religiöse Friede
nur da ist, wo der Geist der Freiheit weilt. Eine Staatsreligion paßt nur für eine Monarchie, denn sie bildet die
festeste Stütze für dieselbe; ein politisch freies Volk aber muß
nothwendigerweise auch religiös frei sein; denn daß sich eine
unabhängige Meinungsäußerung über politische, philosophische
und religiöse Fragen sehr wohl mit der nothwendigen Autorität
eines Staates verträgt, hat deutlich Spinoza und vor ihm
mancher andere Denker nachgewiesen. Da, wo eine officielle
Staatsreligion eingeführt ist, bilden die geistig Armen und
die verschmitzten Heuchler die stehende Armee des Kirchen-
glaubens; da erscheint Christus nicht als der edle Friedefürst
mit dem Gebote der Liebe, das sich sogar auf die Feinde

erstrecken soll, da reitet er nicht sanftmüthig auf einer Eselin,
sondern da kommt er wie in der Offenbarung Johannis auf
einem feuerschnaubenden Schlachtrosse und predigt donnernd:
„Ich bin nicht gekommen den Frieden zu bringen, sondern
das Schwert!"

Daß auch Amerika auf diesem Felde traurige Erfahrungen
nicht erspart geblieben sind, habe ich bereits kurz im Vor-
beigehen angedeutet; hätte es sich nicht von dem bevor-
mundenden England mannhaft losgeschlagen, wer weiß ob
die Lehre der traurigen Colonialperiode jemals heilsame
Früchte getragen hätte. Welche christliche Partei damals die
Majorität besaß, dictirte den Andersgläubigen Gesetze und
scheute dabei nicht die unmenschlichsten Mittel, denselben Geltung
zu verschaffen.

Die meisten oder doch wenigstens die einflußreichsten An-
siedler der nordamerikanischen Colonien waren Leute, die
aufgefordert waren, um sich ein Asyl für die freie und
ungehinderte Ausübung ihres Glaubens zu gründen. So
kamen die Katholiken nach Maryland, die Episkopalen nach
Virginien, die Quäker nach Pennsylvanien und die Puritaner nach Neu-England; aber die religiöse Freiheit, die sie
suchten, wollten sie mit Ausnahme der Quäker auf keinen
Andersdenkenden ausgedehnt wissen. Sie hatten früher geduldet und gelitten, hatten ihr Kreuz auf sich genommen
und sich wie Paulus auch der Trübsale gerühmt; sobald sie
sich aber in der lang ersehnten Macht sahen, hielten sie sich
auch für unfehlbar und aus den verfolgten wurden nun
unversöhnliche Verfolger. Religionsfreiheit war ihnen gleich-
bedeutend mit Freiheit vor der Religion; sie hatten ein
Gesetz und nach diesem Gesetze mußte der Ketzer sterben.

In dieser Hinsicht haben sich hauptsächlich die Puritaner
oder Pilgrimväter, wie sie häufig in Amerika genannt werden,
das Verdammungsurtheil der Geschichte zugezogen. Die Anhänger dieser Secte tauchten in England ums Jahr 1550 auf;
es waren ernste, nüchterne und energische Leute, die alle weltlichen Vergnügungen und Zerstreuungen mit dem Bannstrahl

belegten, trotzdem sie sonst scheinbar große Vorliebe für bürgerliche und religiöse Freiheit bekundeten, die Grundlage ihrer Lehre und die Richtschnur ihres Lebens bildete die heilige Schrift; aber das damalige England schien Veranlassung zu haben, mit der puritanischen Auslegung der Bibel unzufrieden zu sein und trieb also die zähen Sonderbündler durch unzählige Chicanen zum Lande hinaus. Nachdem sie acht Jahre lang die Gastfreundschaft Hollands genossen hatten, beschlossen sie nach Amerika auszuwandern, um daselbst einen theokratischen Staat nach ihrem Sinne zu gründen. Sie hatten daselbst wie alle Pioniere anfangs mit unsäglichen Entbehrungen und Enttäuschungen zu kämpfen, aber ihre außerordentliche Ausdauer und Energie befähigte sie alle Hindernisse siegreich zu überwinden und sich eine schöne Heimath zu verschaffen. Da bald ein bedeutender Zuwachs von Einwanderern aus England nachkam und alle von demselben Geiste beseelt waren, so stand weiter Nichts im Wege, ihren puritanischen Gesinnungen durch entsprechende Gesetze Ausdruck zu verleihen. Ihr Gerichtshof bestimmt daher, daß nur der Bürger stimmberechtigt sei, der gutstehendes Mitglied der Kirche sei. Als sich nun Roger Williams, der 1631 in die Colonie von Salem kam, erdreistete zu behaupten, ein Jeder habe das Recht Gott auf die Weise, die ihm sein Gewissen vorschreibe, zu verehren und daß Bigotterie sowohl gegen die Bibel als auch gegen die Vernunft sei, da dachten die Puritaner, eine solche Freiheit sei im höchsten Grade staats- und seelengefährlich und man müsse daher derselben energisch entgegentreten. Da Roger Williams in Salem zum Prediger erwählt worden war und in seiner Gemeinde großen Anhang besaß, so mußten schließlich Gewaltmaßregeln ergriffen werden, um ihn und seine Freunde zur Raison zu bringen. Das Erste, was geschah, war, daß man durch einen Beschluß des Bostoner Gerichtshofes jener Gemeinde das Eigenthumsrecht an einem gewissen Grundstück absprach und da dies nichts half, so sollten die Bewohner von Salem so lange des Stimmrechtes beraubt sein, bis sie zu Kreuze kröchen und sich von ihrem

Irrlehrer lossagten. Letzteren wollte man nach England zurückschicken, er zog es jedoch noch rechtzeitig vor, sich mit seinen Freunden auf Rhode-Island anzusiedeln. Roger Williams wird gewöhnlich als Begründer und Pionier der religiösen Freiheit in Amerika hingestellt, aber sicherlich mit Unrecht; denn nach den Gesetzen, die in seiner Colonie in Kraft waren, wurde z. B. Jeder, welcher die Dreieinigkeit oder eine Person derselben lästerte, mit dem Tode bestraft. Wer sich über die Schriften der Evangelisten oder über die heilige Maria unglimpflich aussprach, wurde das erste Mal mit einer Geldbuße von fünf Pfund Sterling oder in Zahlungs-unfähigkeit mit 39 Stockschlägen bestraft; beim zweiten Vergehen wurde diese Strafe verdoppelt und beim dritten ging er seines sämmtlichen Eigenthums verlustig und mußte die Colonie auf immer verlassen. Der alte Hudibras hat doch Recht, wenn er sagt:

„Im Grund ist jede Pfafferei
Abart nur von der Päpstelei."

Sogar der fromme Indianerapostel Eliot wurde vom geist-lichen Tribunal in Boston gezwungen, die in einem Werke publicirten liberalisirenden Ansichten zurückzunehmen. Bei der Gründung von New-Haven wurde nur dem Pioniere das Stimmrecht und die Befähigung ein öffentliches Amt zu bekleiden zugesprochen, der ein Kirchenmitglied war und sich zu den Lehren der Bibel bekannte.

Ja, die alten Puritaner waren sonderbare, am ceremoniellen Außenwesen mit unerbittlicher Rigorosität hängende Leute. Sie waren geschworene Feinde der Schleier, des langen Haares und der seidenen Tücher; den Frauen war die Länge ihrer Aermel klar und deutlich vorgeschrieben, wie dann die-selben überhaupt eine jede Extravaganz in den Kleidern vermeiden mußten. Der puritanische Sabbath fing bereits am Samstagabend an und wurde mit der größten Strenge gehalten; wenn Gebete und Predigten wirken sollten, so mußten sie vor allen Dingen von einer ermüdenden Länge sein. Kinder und Dienstboten wurden regelmäßig katechisirt;

Gotteslästerung und Abgötterei wurden mit dem Tode bestraft. Auf Unmäßigkeit und Spiel standen hohe Strafen und keinem Menschen war es erlaubt, Geld gegen Zinsen auszuleihen. Katholische Geistliche, Jesuiten und Quäker durften sich nicht unter die Puritaner wagen und kein Schiff durfte solche Einwanderer landen. Jedem Quäker, der sich in einer puritanischen Colonie sehen ließ, wurde ein Ohr abgeschnitten; kam er zum zweiten Male so verlor er auch das andere; beim dritten Male wurde ihm die Zunge mit einem glühenden Eisen durchbohrt.

In Virginien hatten sich, wie bereits bemerkt, die Episkopalen festgesetzt und in Folge der Unterstützung durch Karl II. ihre Religion zur Staatsreligion erhoben. Wer die Kirche nicht regelmäßig besuchte, mußte zur Strafe fünfzig Pfund Tabak liefern; daß Quäker und Katholiken beharrlich verfolgt wurden, versteht sich von selber. Jeden Sonntag wurde die ganze Liturgie in der Kirche verlesen und wer sich nicht damit einverstanden erklärte, wurde des Landes verwiesen. Keine Heirath war giltig, die nicht streng nach den Regeln der Hochkirche vollzogen war. Die Quäker wurden schwer bestraft, wenn sie dem öffentlichen Gottesdienste nicht beiwohnten, oder den Taufen ihrer Kinder Schwierigkeiten bereiteten.

Die Katholiken gründeten eine Kolonie in Maryland und es muß ihnen zur Ehre nachgesagt werden, daß sie darin eine für die damalige Zeit seltene Toleranz übten, was doch wahrhaftig sonst ihre Sache niemals gewesen ist.

Auch in Connecticut gestattete man keine Religionsfreiheit; nur grobe Unwissenheit, hieß es, könne dieselbe fordern.

So sehen wir, daß die Einwanderer aus England hier meistentheils ihre heimathlichen intoleranten Gesetze zur Ausführung brachten und daß ihnen nichts ferner lag, als eine Trennung des Staates von der Kirche. Es wurden Kirchen gebaut und Geistliche besoldet aus der öffentlichen Kasse, der jeder zu diesem Zwecke Steuern zu entrichten hatte. In Massachusetts schrieb das Gesetz vor, daß jede Colonie eine Kirche, einen Prediger und ein Pfarrhaus aus den öffentlichen Steuern erhalten müsse.

Mit der Vermehrung der Einwanderer nahm jedoch das Interesse an kirchlichen Dingen merklich ab und die zuletzt genannte Colonie sah sich bald gezwungen, um Frieden und Ruhe zu erhalten, ein Gesetz zu proclamiren, welches jedem Bürger das Recht zusprach, seine Steuern für eine ihm genehme Kirche zu bestimmen, sodaß von nun an Niemand mehr gezwungen war, eine Secte gegen seine innere Ueberzeugung zu unterstützen. Trotz alledem aber ward die Kirchensteuer von Jahr zu Jahr unbequemer und die Agitation gegen dieselbe nahm allmählig solche bestimmte Gestalt an, daß die vollständige Trennung des Staates von der Kirche nur noch eine Frage der Zeit war, welche durch den Unabhängigkeitskrieg schnell ihrer Lösung entgegengeführt wurde.

Es war ein großes Glück, daß die Leitung jener Revolution und die Begründung einer unabhängigen Nation mit freiheitlichen Institutionen in den Händen von Männern lag, die da erhaben waren über religiöse Vorurtheile und über jeden kleinlichen Parteigeist, sondern die bei Allem, was sie unternahmen, stets das Wohl der Masse und die größtmögliche Freiheit vor Augen hatten. Jefferson, der da erklärte, daß Widerstand gegen Tyrannen Gottesdienst sei, war selbstverständlich auch kein Freund geistiger und geistlicher Knechtschaft und er sagte daher, daß eine sogenannte Staatskirche für die Sache der individuellen Freiheit nur vom Uebel sein könne. Seine Ansichten über die christliche Religion theilt er in folgenden Worten mit:

„Die christliche Religion (wenn sie von allen den Zuthaten, mit welchen man sie umhüllt hat, befreit und zu der ursprünglichen Reinheit und Einfachheit ihres wohlwollenden Stifters zurück gebracht wird) ist von allen Religionen die beste für Freiheit, Wissenschaft und die unbeschränkteste Entwickelung des menschlichen Geistes. — Meine Ansichten vom Christenthum sind die Ergebnisse eines lebenslänglichen Forschens und Nachdenkens, und sehr verschieden von dem antichristlichen Systeme, welches mir diejenigen zuschreiben, denen meine Ueberzeugungen unbekannt sind. Ich bin ein Christ in dem

alleinigen Sinne, in welchem Christus wünschte, daß Jedermann es sei; seinen Lehren aufrichtig zugethan und sie allen
anderen vorziehend, ihm jede menschliche Vollkommenheit
beilegend und des Glaubens, daß er selbst keine andere in
Anspruch nahm. Es ist ein Verlust, daß Jesus selbst nichts
schrieb, und seine Lehren nur zerstückelt und wohl auch miß-
verstanden oder unverständlich auf uns kamen. Er reinigte
die jüdische Gotteserkenntniß und lehrte die vollkommenste
und erhabenste Moral, die je auf Erden verkündet worden.
Sie umfaßt alle Menschen und vereinigt sie zu einer Familie
durch die Bande des Wohlwollens, der Liebe, der gemeinsamen
Bedürfnisse und gegenseitigen Hilfsleistungen. Aber schon seit
dem Apostel Paulus sind die einfach erhabenen Lehren Jesu
Christi verkünstelt und entstellt worden. Auch räumen alle
christlichen Secten den Atheisten zu viel ein, wenn sie behaupten: ohne Offenbarung gebe es keinen hinlänglichen Beweis
vom Dasein Gottes. Christus lehrt: es gibt einen allervoll-
kommensten Gott und ein zukünftiges Leben; sein höchstes
Gebot ist: du sollst Gott lieben von ganzem Herzen und
deinen Nächsten wie dich selbst. Calvin hingegen lehrt: es
gibt drei Götter, gute Werke oder Nächstenliebe gelten nichts,
Glaube allein hat Werth, und je unbegreiflicher der Lehrsatz,
desto größer das Verdienst. Vernunftgebrauch in Religions-
sachen ist verwerflich; Gott will nur einige erretten, Andere
verdammen, Tugenden und Verbrechen kommen dabei nicht
in Anschlag. — Wo ist nun das wahre, liebevolle Christenthum? Bei Christus, Athanasius oder Calvin?"

Hier spricht Jefferson allerdings nicht als engherziger
Fachtheologe, wohl aber als praktischer, klardenkender Staats-
mann, der da wohl wußte, daß eine privilegirte Kirche
nothwendigerweise Beschränkungen der Rechte Andersdenkender
involviren und daß man auch Religion besitzen und sie im
Leben bethätigen könne, ohne deshalb unter obrigkeitlicher
Bevormundung zu stehen. Er war überhaupt ein echter
Republikaner, wie die Welt noch keinen Zweiten gesehen hat.
Seinem Einflusse ist es hauptsächlich zuzuschreiben, daß die

Gesetzgebung von Virginien im Jahre 1785 nach ernster und lebhafter Debatte beschloß „kein Mensch soll gezwungen werden, zu besuchen oder zu unterstützen irgend einen religiösen Gottesdienst, Kirche oder Priesterschaft; auch soll man Niemand deshalb an Leib oder Gut beunruhigen, zwingen und belästigen, oder ihm wegen religiösen Meinungen irgend Leids anthun. Vielmehr steht es allen Menschen frei, ihre Ansichten über Religion offen zu bekennen und zu vertheidigen, und soll dies in keiner Weise ihre bürgerliche Stellung verändern, verbessern oder verschlechtern."

Dieser Beschluß wurde damals von vielen Seiten scharf kritisirt, glücklicherweise aber war keine kirchliche Partei stark genug die Oberhand zu gewinnen und die Möglichkeit einer officiellen Staatsreligion aufkommen zu lassen.

Connecticut hob im Jahre 1817 und Massachusetts 1833 alle kirchlichen Zwangsmaßregeln auf und kannten ihre Bewohner nur noch als Staatsbürger. Die Religion blieb nur der Obhut einzelner Secten überlassen und Jedermann konnte sich ungehindert derjenigen anschließen, die ihm am meisten zusagte. Niemand ward seiner Religion wegen gehaßt, verhöhnt oder verspottet; die Secten ließen die Regierung und die Regierung ließ die Secten in Ruhe und die Erfahrung hat gezeigt, daß dies die allerbeste Politik war. Eine Staatsreligion, auch wenn sie noch so tolerant ist, läßt sich doch nicht ohne Beeinträchtigung der Gewissensfreiheit durchführen; sie ist an ein bestimmtes Bekenntniß geknüpft, das selten oder niemals mit dem fortschreitenden Geiste der Zeit im Einklang steht. Sie tritt daher jeder aufklärenden Richtung feindlich gegenüber und wenn sie auch gerade keine Scheiterhaufen mehr anzündet oder zu anderen mittelalterlichen Maßregeln greift, so möchte sie doch gerne das absolut Unglaubliche leisten, nämlich in Glaubenssachen Gleichförmigkeit anzubahnen. Die allerwiderwärtigste Heuchelei ist alsdann die natürliche Folge. Sie erkennt den Grundsatz „gleiche Rechte für Alle" nicht an, spricht aber dafür zuweilen großmüthig von Toleranz, d. h. sie beansprucht religiöse Unfehlbarkeit für sich, ist aber dabei barmherzig genug, die Diſſidenten nicht zu rädern oder zu viertheilen. Toleranz iſt mir ein ſchreckliches Wort; es kann allenfalls noch in einem auf mittelalterlichen Prinzipien beruhenden Staatsweſen ehrenvoll gebraucht werden, in einer Demokratie aber hat es ſtets einen ſtarken Beigeſchmack von päpſtlichem Eigendünkel. Wer da ſagt, er ſei tolerant, der ſagt mit anderen Worten: du befindeſt dich im Irrthum und biſt auf ewig verloren; nur meiner grenzenloſen Barmherzigkeit allein verdankſt du es, daß ich dir als einem Unwürdigen auch nicht ſchon dieſes Leben nehme!

Wo der Staat eine Religionsrichtung unterſtützt, da bindet er ſich ſelbſt die Ruthe auf den Rücken; denn des Streitens und Zankens hat es da kein Ende. Iſt es doch eine hinlänglich erwieſene Thatſache, daß Fehler und Irrthümer, welche auf Anſichten beruhen, die ſich der Menſch durch ſchwere Seelenkämpfe errungen hat, weniger gefährlich und ſchädlich ſind, als angebliche, durch ein herrſchendes Syſtem aufgedrungene Wahrheiten. Eine Religion, die übrigens vorzugsweiſe ihr Daſein durch ſtaatliche Unterſtützung friſtet, ſteht ſicherlich auf ſchwachen Füßen, denn ſie hat keinen Halt im Gemüthe des Volkes. Die amerikaniſchen Geiſtlichen beſitzen daher practiſchen Blick genug, um in der vollſtändigen Trennung des Staates von der Kirche eine Wohlthat für beide Theile zu ſehen; die ſich daraus ergebende größere Mannichfaltigkeit der Secten iſt durchaus nichts Seelengefährliches, ſondern nur eine Manifeſtation des regen religiöſen Lebens, wie es nur da blühen kann, wo die allgemeine Gewiſſensfreiheit garantirt iſt.

Welche Religion ſollte dann überhaupt der amerikaniſche Staat einführen? Die chriſtliche, werden viele darauf antworten, aber damit haben ſie ſo gut wie gar nichts geſagt. Ebenſo wenig wie wir alle an einen und denſelben Gott glauben, ebenſo wenig wie uns alle die Liebe vereinigt, ebenſo wenig ſind wir alle einem und demſelben Chriſtenthum ergeben. Es iſt wahr, wir berufen uns alle auf eine Bibel und doch hat bekanntlich kein Buch in der Welt mehr

Friedensstörerei und Meinungsverschiedenheit hervorgerufen, als gerade dieses sogenannte Wort Gottes. Wo ist nun die christliche Religion, die staatlich anerkannt werden soll? Der Katholik antwortet rasch: „Selbstverständlich bei mir! Horcht nur auf die Priester der unfehlbaren Kirche!" Aber da rufen gleich Hunderte von anderen Sectirern: „Er ist ein Ketzer, schlagt ihn ans Kreuz, denn er will uns zu Irrlehren ver- führen! Höret auf unsere Lehren, wenn ihr eure Seele retten wollt!" Wer soll nun da den Ausschlag geben und wie will da ein vernünftiger Mensch den einem Staate nothwendigen Frieden herstellen? Wo noch jemals solche Stimmen Gehör fanden, und wo man aus diplomatischen Gründen den Forderungen der Majorität nachgab, da sind stets Thaten verrichtet worden, die durchaus nicht mit dem friedlichen Geiste des Volkslehrers aus Nazareth übereinstimmten und die wahrhaftig der gesammten Menschheit nicht sonderlich zur Ehre gereichten. Wo hat denn überhaupt jener erhabene Volkslehrer gesagt, daß der Staat die Religion in Schutz nehmen solle? Er sagte zwar, man solle dem Kaiser geben, was des Kaisers ist, aber damit meinte er einfach Steuern; im Uebrigen pflegte er zu sagen, daß sein Reich nicht von dieser Welt sei.

Da wo Religion und Staat eine unzertrennliche Ehe eingegangen haben, erhebt sich erstere selten über den Aber- glauben, der allerdings nach dem frommen Novalis für sie nothwendiger sein soll, als man gewöhnlich glaube.

Wollte man eine Staatsreligion von der stimmrechtlichen Entscheidung der Mehrzahl der Bürger abhängig machen, da hätten hier in Amerika die Schwierigkeiten kein Ende. Die Bevölkerungszahl einzelner Staaten nimmt hier ungemein schnell zu und so wäre es dann sehr leicht möglich, daß z. B. in diesem Jahre die katholische Religion die officielle sei und daß also Jeder ohne Ausnahme zur Erhaltung der- selben tief in die Tasche greifen und alle Heiligen männlichen und weiblichen Geschlechtes bei Strafe politischer Entrechtung verehren müsse. Im Jahre darauf aber kämen infolge der

Stimmenmehrheit z. B. die Baptisten ans Ruder und Jeder müßte sich alsdann, wenn er ein wohlberechtigter Bürger sein wolle, in seinen alten Tagen noch dreimal bis über den Kopf in das Wasser tauchen lassen. Wer weiß, welche blutigen Zumuthungen die Juden, um ihrer so lange verkniffenen Rache gegen das Christenthum freien Lauf zu lassen, an uns stellen würden! Kurzum, Staat und Kirche haben in einer Demokratie keine Gemeinschaft mit einander; die Republik verlangt beständig mehr Licht, die Kirche aber mehr Finsterniß.

Die Staatsreligion vertrieb die Puritaner aus England, die Hugenotten aus Frankreich und die Quäker und Katholiken aus Neu-England. Und dies war ganz in der Ordnung; denn wird einmal die Religion als Hauptfactor des Staates anerkannt, so hat derselbe natürlich auch die Pflicht für die Reinhaltung jener zu sorgen und jeden Ketzer als Verbrecher zu behandeln. Daß die Religion lediglich eine Sache des Geistes ist und daß man sie daher auch lediglich mit geistigen Waffen vertheidigen soll ist eine Ansicht, deren Logik man stets mehr bezweifelt als eingesehen hat. Bibelsprüche wie „Ihr seid zur Freiheit berufen“, „In Liebe dienet einander“, „Prüfet Alles und das Beste behaltet“, „Der Buchstabe tödtet, aber der Geist macht lebendig“ u. s. w. hat man zu allen Zeiten für viel zu edel und erhaben gehalten um sie in der sündenvollen Welt zur Anwendung zu bringen.

Der Staat bekümmert sich hier nur um die zeitlichen Verhältnisse seiner Mitbürger; das Leben nach dem Tode steht nicht unter seiner Controlle. Er sorgt für die Aufrechthaltung der Gesetze und hat es also vorzugsweise mit der öffentlichen Moral zu thun. Die Ausbreitung der Religion ist Sache und Aufgabe der Kirche; dieselbe mag ihre Schutzbefohlenen für die Ewigkeit vorbereiten. Religion, und zwar in dem alten herkömmlichen Sinne, ist sicherlich für die meisten Menschen Bedürfniß; dies kann nicht geleugnet werden. Maccauley sagt: „Es ist nothwendiger, daß der Mensch Brod als daß er ein Piano habe; aber daraus folgt noch lange nicht, daß jeder Pianofabrikant zugleich ein Bäcker sein muß, denn die voraussichtliche Folge davon wäre, daß wir dann schlechteres Brod und schlechtere Musik hätten." So kann auch der Staat nicht alle Bedürfnisse seiner Bürger befriedigen und seine Aufgabe kann es unter Anderem auch nicht sein, durch Beamte für Gründung einer Religion oder für die Aufrechthaltung irgend eines Cultus zu sorgen. So lange zu diesem Zwecke keine unfehlbaren Beamten oder Hohepriester vom Himmel fallen, bleibt der Ausspruch wahr, daß wir allzumal Sünder und arme, irrende Menschenkinder sind.

Existirt einmal eine bevorzugte Staatsreligion, so ist es natürlich auch die Pflicht der Obrigkeit durch Steuern und Gesetze für die Erhaltung und den Schutz derselben zu sorgen. Es ist zwar ein amerikanisches Bundesgesetz, daß der Congreß keine Religion auf irgend eine Weise unterstützen solle; aber deshalb bleibt jedem einzelnen Staate doch noch so viel Souveränität, um in dieser Hinsicht nach Gutdünken verfahren zu können. Der betreffende erste Artikel in den Zusätzen zur Bundes-Constitution heißt nämlich: „Der Congreß soll kein Gesetz in Bezug auf die Anerkennung einer Religion machen, noch die freie Ausübung derselben verhindern"; es ist dies also in Bezug auf die bestehenden Rechte der einzelnen Staaten ein ziemlich harmloses Gesetz, weshalb dann auch 1875 Blaine im Repräsentantenhause den Antrag stellte, einen bestimmteren Zusatz zur Bundesconstitution zu machen, der da ausdrücklich jedem Staate der Union verbiete, einer Religion officiell den Vorzug zu geben; fernerhin sollte keine aus den Steuern des Volkes erhaltene Anstalt unter der Controlle irgend einer religiösen Secte stehen, noch sollte der Schulfond zur Erhaltung denominationeller Schulen getheilt werden. Jener Vorschlag ging damals leider nicht durch und so hat denn heute noch jeder einzelne Staat das formale Recht auf den Beschluß der Majorität hin irgend eine Secte als die allein zu duldende anzuerkennen; er hat das Recht seinen Bürgern Steuern zum Besten des Katholicismus,

Mormonismus, Judenthums u. s. w. aufzuerlegen und er
hat fernerhin das Recht die Lehren der durch die Majorität
sanctionirten Secte in seinen Schulen verbreiten und zu diesem
Zwecke irgend ein Buch einzuführen. Es ist allerdings wahr,
daß sich die Einzelstaaten in dieser Frage nach dem Geiste
der Bundesconstitution richten; aber so lange ein Vorschlag,
wie der Blaine's, nicht zum Bundesgesetz erhoben worden ist,
ist Alles möglich, wenn auch nicht wahrscheinlich; denn der
kerngesunde Sinn der meisten Amerikaner ist jederzeit stark
genug, um Bewegungen in der angedeuteten Richtung in ihre
Schranken zu verweisen. So haben z. B. die Staaten New-
Hampshire und Connecticut noch das gesetzliche Recht, Steuern
zur Erhaltung christlicher Institute zu erheben, machen jedoch
keinen Gebrauch davon.

Blaine's Vorschlag war übrigens unvollständig; er sprach
sich allerdings gegen die Theilung des Schulfonds zu sec-
tirerischen Zwecken aus, aber über die Führung der Schulen
enthielt er kein Wort, sodaß der alte Zankapfel, nämlich die
Frage, ob die Bibel in den öffentlichen Schulen gelesen und
überhaupt darin Religionsunterricht ertheilt werden dürfe,
noch nicht aus dem Wege geräumt wurde. Hingegen sprach
sich Präsident Grant in seiner Botschaft vom 7. December 1875
an den Congreß viel klarer und bestimmter aus, indem er
jener Körperschaft die Annahme eines Bundesgesetzes empfahl,
das jeden einzelnen Staat zwang für seine Kinder und zwar
ohne auf die Farbe, das Geschlecht und die Religion derselben Rücksicht zu nehmen, öffentliche Schulen zu erhalten,
in welchen weder irreligiöse, atheistische, heidnische noch überhaupt religiöse Ansichten gelehrt werden sollten. Fernerhin
sollte jedem Staate ausdrücklich das formale Recht genommen
werden, Schulen, welche unter geistlicher Aufsicht stehen, aus
öffentlichen Mitteln zu unterstützen und dann sollte das
Kircheneigenthum mit Ausnahme der zum Gottesdienste be-
nützten Gebäude den allgemeinen Steuergesetzen unterworfen
sein. Grant wollte dadurch jede Möglichkeit der Etablirung
einer Staatskirche vereiteln und die bestehende practische An-

erkennung des Grundsatzes, nach dem Staat und Kirche streng getrennt sein sollen, zum Bundesgesetz erheben. Leider aber sind unsere Repräsentanten meistentheils noch zu sehr politische „Zweiäßler", um für eine derartige radicale Maß= regel geharnischt ins Zeug zu gehen; sie haben aus der Politik ein Geschäft gemacht und fürchten durch Befürwortung solcher Gesetze das nächste Mal einen großen Theil der Wahl= stimmen einzubüßen. Doch die Annahme einer Schutzmaßregel in der angedeuteten Richtung ist nur noch eine Frage der Zeit, da sie z. B. die Verhältnisse im Territorium Utah unbedingt nöthig machen.

In unserer Bundesconstitution steht nichts von Gott, Christus, Himmel oder Hölle und doch befinden sich unter derselben 50 Millionen Menschen glücklich und zufrieden und kommen trotz der heterogensten Glaubensrichtungen viel besser mit einander aus, als in den Ländern, wo man der Religion mit ihren Dogmen obrigkeitlichen Schutz angedeihen läßt. In religiösen Angelegenheiten lassen wir noch nicht einmal die sonst so mächtige Majorität zum Worte kommen, sondern da gibt einfach das Prinzip, nach welchem jede religiöse Ueber= zeugung Privatsache des Individuums ist, den alleinigen Ausschlag. Des Volkes Stimme ist nicht immer Gottes Stimme und am allerwenigsten ist sie es in Religionsfragen. In den Angelegenheiten des täglichen Lebens läßt Jeder den Andern ruhig seine Wege gehen; in Sachen der Religion aber ist Jeder leicht geneigt, seinem Nächsten, ohne daß es verlangt wird, den allein richtigen Weg zu zeigen. Aber Gott hat, so viel man deutlich sehen kann, gegenwärtig keinen Heiligen in die Welt gesandt, der uns im öffentlichen wie im privaten Leben zur Richtschnur dienen könnte.

Das Christenthum noch irgend eine andere Religionsform bildet einen Bestandtheil unserer Gesetze. Es ist wahr: der Sonntag ist in Amerika ein gesetzlicher Feiertag; aber er ist in den Augen der Obrigkeit durchaus kein Tag, an dem be= stimmte religiöse Uebungen vorgenommen werden müssen. Derjenige, der an diesem Tage die Ruhe stört, wird aller=

dings bestraft, aber nicht im Interesse des Christenthums, sondern im Interesse der öffentlichen Ordnung, aus welchem Grunde auch öffentliches Fluchen, Gotteslästerei u. s. w. strafbar sind. Indem so das Gesetz für Anstand und Moral sorgt, schützt es auch zugleich die Religion; niemals jedoch ausschließlich das Christenthum. Das Gesetz verbietet Hexenverbrennungen und Ketzerverfolgungen und kann, trotzdem solches von gewissen Secten als Theil ihres Cultus betrachtet wird, durchaus nicht als religionsfeindlich angesehen werden, denn der Staat besteht da einfach auf seinem natürlichen Rechte, das Leben und Eigenthum seiner Bürger zu beschützen.

Die Vereinigten Staaten sind officiell kein christliches Land, trotzdem man vielfach des Gegentheil behauptet und zu beweisen sucht. Nachdem die Bundesconstitution zum leitenden Gesetze erhoben worden war, schlossen die Vereinigten Staaten (1796) einen Vertrag mit Tripolis ab, dessen elfter Artikel also lautet: „Da die Regierung der Vereinigten Staaten in keinem Sinne auf die christliche Religion gegründet ist, da sie keinerlei Feindschaft gegen die Gesetze, die Religion oder die Ruhe der Muselmänner hegt und da ferner die genannten Staaten niemals in einem Kriege gegen irgend eine muhamedanische Nation verwickelt waren, so liegen keine religiösen Gründe vor, wodurch die Harmonie zwischen den beiden Ländern gestört werden könnte." Es war dies eine Erklärung, die, so ungern sich auch die orthodoxen Geistlichen Amerika's daran erinnern lassen, doch in vollständigem Einklange mit der Bundesconstitution steht.

Man sagt ferner zum Beweise, die Vereinigten Staaten seien ein christliches Land, daß die Constitution dem Präsidenten, den Senatoren und Repräsentanten sowie den Mitgliedern der Staatslegislaturen den Amtseid vorschreibe; aber man sollte doch auch wissen, daß jener Eid weder ein specifisch christlicher ist, noch daß dabei die Bibel gebraucht werden muß; auch ist außerdem keine religiöse Qualification zur Annahme jener Aemter vorgeschrieben. Jener Eid ist weiter nichts als eine Betheuerung des Beamten, im Sinne der Constitution seine Pflicht und Schuldigkeit zu thun; ob er sich dabei auf Gott berufen will, bleibt ihm gänzlich anheimgestellt. Es ist ein Eid, den Atheisten, Juden, Christen und Muhamedaner ruhig unbeschadet ihrer speziellen Selig- keit leisten können. Von keinem Beamten wird verlangt, daß er ein Christ sei.

Religionsfragen sind von den Verhandlungen des Congresses streng ausgeschlossen.

Doch noch lange, nachdem die Bundesconstitution in Kraft getreten war wurde die Souveränität einzelner Staaten dazu benutzt, um die Bürger im Interesse protestantischer Secten zu besteuern. New-Hampshire, Pennsylvanien, Nord- carolina, Südcarolina, Mississippi und Tennessee haben heute noch Bestimmungen in ihren Constitutionen, welche die reli- giöse Qualification, ein öffentliches Amt bekleiden zu können, vorschreiben. In Tennessee, Delaware, Kentucky und Maryland sind die Geistlichen von politischen Aemtern ausgeschlossen. So lange der so nöthige Paragraph, welcher jeden religiösen Zwang in irgend einer Form innerhalb der Vereinigten Staaten verbietet, noch nicht in die Bundesconstitution auf- genommen ist, haben die einzelnen Staaten nach den An- sichten unserer ersten Juristen das unbestreitbare Recht, ihre inneren Angelegenheiten selbst zu ordnen. Es wäre daher höchst an der Zeit und dem demokratischen Geiste unserer Institutionen durchaus nicht entgegen, wenn der Bundes- congreß in dieser Angelegenheit ebenso verführe, wie z. B. mit der Negerstimmrechtsfrage, indem er durch die Annahme des fünfzehnten Amendements einer staatlichen Beschränkung des Stimmrechtes Einhalt gebot.

Was ist damit gewonnen, daß der Congreß keine Religion vorschreiben und einführen darf, während dem dieses Recht jedem einzelnen Staate verbleibt? Ein derartiges Gesetz ist für die Erhaltung unserer freiheitlichen Institutionen viel wichtiger als man gewöhnlich glaubt. Die Macht der katho- lischen Kirche dahier wächst auf fabelhafte Weise und da die- selbe es meisterhaft versteht, in ungemein kurzer Zeit einen

erstaunlichen Reichthum von irdischen Schätzen unter ihre
Controlle zu bringen und da ferner die Katholiken in politischer Hinsicht stets als compacte, wohldressirte Masse vor-
gehen, wodurch sie einen größeren Einfluß auf die Politik
des Landes ausüben, als es irgend einer anderen kirchlichen
Gemeinschaft möglich ist, so ist es, besonders da sich die
politischen Demagogen, die kein anderes Ziel als die Befriedigung ihrer niederen Wünsche kennen und denen das
Wohl des Landes und dessen ungeschmälerte Freiheit Dinge
von untergeordneter Bedeutung sind, sich solcher einheitlich
organisirten Masse gerne gefügig zeigen, eine Sache von
der höchsten Bedeutung, dahin zu wirken, daß jeder sectirerische
Einfluß im Keime erstickt wird. Dies kann theilweise durch
ein dem Grant'schen Vorschlage entsprechendes Bundesgesetz
geschehen; aber auf die Dauer wird auch dieses nicht hinreichend sein. Es gibt hier zu Lande Städte, in denen die
Katholiken bereits schon jetzt die öffentlichen Wahlen controlliren und da sich ihre Zahl von Tag zu Tag durch eine
systematisch regulirte Einwanderung bedenklich vermehrt, so
ist es schon möglich, daß sie mit der Zeit auch die Oberhand
in einem Staate erlangen, und was will sie dann abhalten,
ihre Religion zur officiellen zu machen und die Bürger zu
zwingen zur Erhaltung der katholischen Kirchen und Schulen
Steuern zu zahlen? Nichts! wenigstens vorläufig nicht.
Irgend eine protestantische Secte könnte natürlich in ähn-
lichen Verhältnissen dasselbe thun, ohne gesetzlich daran ver-
hindert werden zu können.

Eine Staatsreligion steht uns übrigens in Amerika näher
in Aussicht, als wir uns träumen lassen. Das Territorium
Utah hat bereits längst die erforderliche Einwohnerzahl, um
als Staat in die Union zugelassen werden zu können; geschieht
dies aber unter den obwaltenden Umständen wirklich, so gibt es
nichts Sicheres, als daß die Lehre Joseph Smith's nebst obligater
Vielweiberei zur Religion des neuen Staates erhoben wird.

Möglich, wenn auch durchaus nicht wahrscheinlich, ist es
ferner, daß sich an der Küste des stillen Oceans infolge der

afiatifchen Einwanderung ein Staat bilden könnte, der dem
Buddhismus huldigte; alsdann würde vielleicht der Dhamma-
pada als Schulbuch eingeführt, was übrigens nicht das größte
Unglück wäre.

Mexiko, wenn auch nicht das ganze, so doch sicherlich ein
großer Theil davon, fällt uns mit der Zeit von selber wie ein
reifer Apfel in den Schooß und dann werden wir uns wohl
oder übel mit der katholischen Kirche daselbst ins Reine setzen
müssen. Es ist daher höchst nöthig, daß man die Trennung
des Staates von der Kirche zu einer nationalen Sache macht
und die damit nicht im Einklange stehenden Staatsgesetze
auf immer beseitigt.

Man sehe sich doch einmal die Bestimmungen einzelner
Staaten in Bezug auf religiöse Angelegenheiten etwas näher
an. Die Legislatur von New-Hampshire ist z. B. constitutionell
berechtigt, aus öffentlichen Steuern protestantische Kirchen und
Geistliche zu erhalten; fernerhin heißt es in der Verfassung
jenes Staates, daß nur der Bürger für das Repräsentanten-
haus und den Senat wählbar sei, der sich zur protestantischen
Kirche bekenne, wodurch natürlich die Rechte andersgläubiger,
steuerzahlender Bürger beschränkt werden.

Die Constitution von Pennsylvanien sagt, daß keine Person,
die nicht an Gott und ein ewiges Leben glaube, ein öffentliches Vertrauensamt bekleiden könne; die Legislatoren dieses
Staates müssen, ehe sie ihre jährlichen Geschäfte beginnen, die
Erklärung abgeben, daß sie an Gott als den Schöpfer und
Regenten der Welt, der das Gute belohnt und das Böse
bestraft, und ferner an die göttliche Inspiration der Bibel
glauben. Jede andere religiöse Anforderung wird als ungesetzlich betrachtet.

In Nordcarolina muß jeder öffentliche Beamte an Gott
glauben; Maryland verlangt dasselbe; Tennessee geht etwas
weiter und verlangt noch den Glauben an ein ewiges Leben
mit Belohnung und Bestrafung dazu. In Delaware kann
kein ordinirter Geistlicher irgend welcher Secte ein öffentliches
Amt bekleiden, noch Mitglied eines Zweiges der Legislatur

werden. In Kentucky gilt dasselbe Gesetz und mit einigen Modificationen auch in Maryland und Tennessee. Derartige Vorschriften, die übrigens mehr die Ausnahme als die Regel bilden, beruhen auf der altherkömmlichen Ansicht, daß sich Wahrheitsliebe und Pflichttreue nicht gut mit religiösem Skepticismus vertragen und daß die Herren Geistlichen der Freiheit und Toleranz feindlich gesinnt seien.

Die meisten Staatsconstitutionen garantiren jedoch vollständige Religionsfreiheit und schreiben daher keine religiöse Qualification für den Genuß sämmtlicher Bürgerrechte vor. Illinois bestimmt, daß kein Bürger wegen seiner religiösen Meinungen von irgend einem politischen Amte ausgeschlossen werden soll. Jowa schreibt vor, daß keine Staatslegislatur ein Gesetz annehmen dürfe, welches der freien Ausübung der Religion hinderlich sei und daß Niemand seiner religiösen Ueberzeugung wegen in irgend einem bürgerlichen Rechte beeinträchtigt werden dürfe. Außerdem darf Niemand gezwungen werden, einen öffentlichen Gottesdienst zu besuchen, oder zur Erhaltung von Kirchen Steuern zu zahlen.

Aehnlich sprechen sich die Constitutionen von Michigan, New-Jersey, Oregon u. s. w. aus. Indiana erlaubt sogar seinen Bürgern, deren Religion das Tragen von Waffen verbietet, einen gesetzlich zu bestimmenden Betrag für ihre Exemtion vom Militärdienste zu entrichten. Alabama und noch einige andere Staaten haben ähnliche Bestimmungen.

Da hin und wieder die Form des Eides bei zahlreichen Bürgern Anstoß erregte, so haben Missouri, Indiana und mehrere andere Staaten Paragraphen in ihre Constitutionen aufgenommen, nach welchen eine einfache Betheuerung ohne Anrufung Gottes eidliche Geltung besitzt.

Der Grund, weshalb sich so viele Staaten officiell gegen alle Unterstützung der Kirchen oder der unter Aufsicht der Secten stehenden Schulen ausspricht ist weniger in dem Gefühle der Intoleranz als in der allgemeinen Ansicht, daß es der Staat einfach mit Bürgern, anstatt mit Katholiken, Protestanten oder Juden zu thun habe, zu suchen. Wo, wie wir gesehen haben, dieser Idee entgegengesetzte Bestimmungen existiren, hält man die amerikanische Ansicht von der vollständigen Glaubens- und Gewissens-Freiheit doch hoch in Ehren, und betrachtet Alles, was derselben widerstrebt, für veraltet und unserer Republik feindlich gesinnt. Ueberall dahier sieht man in der Religion nichts Anderes als das Privatbindemittel zwischen dem Individuum und seinem Gotte, das, so lange dazu keine Vielweiberei oder Ketzerverbrennung gehört, staat-lichen Schutz gegen unberufene Einmischungen genießt. Dies ist übrigens auch so ziemlich die einzige Unterstützung, die man hier der Religion angedeihen läßt; dadurch aber werden keine religiösen, sondern nur bürgerliche Rechte anerkannt.

Die Besteuerung des Kircheneigenthums ist zu allen Zeiten für die Amerikaner eine heikle Frage gewesen und ist es auch noch auf den heutigen Tag. Siebenzehn Staaten, nämlich Californien, Connecticut, Delaware, Georgia, Jowa, Kentucky, Maine, Maryland, Massachusetts, Michigan, Missouri, Nebraska, New-Hampshire, New-Jersy, New-York, Rhode, Island und Vermont haben in ihren Verfassungen die Frage der Besteuerung des Kirchenvermögens gänzlich ignorirt, wo-durch dieselbe von den Beschlüssen der Legislaturen abhängig gemacht worden ist. Fünfzehn Staaten, nämlich Florida, Illinois, Indiana, Louisiana, Nevada, Nordcarolina, Ohio, Oregon, Pennsylvanien, Südcarolina, Tennessee, Texas, Vir-ginien, Westvirginien und Wisconsin, bestimmen ausdrücklich, daß die Legislaturen jene Angelegenheit regeln sollen. Minne-sota und Kansas erklären alles zu religiösen Zwecken benutzte Eigenthum steuerfrei.

Nach dem Census vom Jahre 1870 repräsentirte das Eigen-thum der verschiedenen Secten einen Gesammtwerth von 354,483,581 Dollar, also gerade doppelt so viel als zehn Jahre vorher. Wenn diese Steigerung in demselben Verhält-nisse weiter geht — und alle Gründe sprechen dafür — so beläuft sich der Werth des Kircheneigenthums i. J. 1890 auf 2,835,868,648 Dollar. Eine befriedigende Beantwortung der Steuerfrage, die ja doch in directem Zusammenhange mit der Trennung des Staates von der Kirche steht, wird also von Tag zu Tag nothwendiger.

Ist die Kirche ein Privatinstitut, als welches sie doch gewöhnlich betrachtet wird, so ist selbstverständlich auch ihr Eigenthum der allgemeinen Besteuerung unterworfen. Wer den Schutz der Gesetze für sein Eigenthum beansprucht, muß dafür Steuern zahlen, das ist klar, und es sollte daher keine Ausnahme dieser Regel gemacht werden. Es ist nicht mehr als recht und billig, daß die Steuern gleichmäßig vertheilt werden, damit Keiner gezwungen ist, sich dadurch, daß ein Anderer steuerfrei ausgeht, eine Erhöhung seiner Abgaben gefallen zu lassen. Wo Steuerfreiheit erlaubt wird müssen ganz besondere Gründe obwalten; religiöse Gründe aber erkennt der Staat nicht an und keine religiöse Corporation ist daher zu besonderen Privilegien berechtigt. Erläßt man der Kirche die Steuern, so zwingt man alle Bürger dieselben für sie zu entrichten und auf diese Weise wird Jedermann allen constitutionellen Vorkehrungen zum Trotze dann doch für religiöse Zwecke besteuert. Wird eine Kirche infolge eines Aufstandes demolirt, so muß der Staat, das County oder der betreffende Ort für den Schaden aufkommen.

Die Kirchenleute sagen nun zu ihrer Rechtfertigung: Durch unseren Gottesdienst tragen wir zur Aufrechterhaltung der Moral und zur Veredelung des Characters der Menschen bei und bieten somit dem Staate ein respectables Aequivalent für die gewährte Steuerfreiheit. Aber dies ist ein Verdienst, dessen sich auch jede Privatschule rühmen kann; jede Eisenbahn, jede Lebens- und Feuer-Versicherungs-Gesellschaft, jede Bank, vorausgesetzt, daß sie nicht in der Weise wie die des katholischen Erzbischofs Purcell von Cincinnati verwaltet wird, wirkt zum allgemeinen Besten der Menschheit; wenn man aber alle diese wohlthätigen Institute auf solchen Grund hin von den Steuern frei sprechen wollte, wer sollte sie dann zuletzt alle bezahlen? In diesem Argumente der Kirchenleute ist offenbar keine gesunde Logik. Ist es nöthig, daß die Kirche indirect von Jedem unterstützt wird, warum kommt man

denn nicht mit der Farbe heraus und erhebt directe Steuern
für sie? Indem der Staat die Kirchen steuerfrei ausgehen
läßt, schenkt er ihnen thatsächlich einen Betrag von so und
so viel jährlich und steht somit mit seiner eigenen Constitution
in offenbarem Widerspruch.

Allerdings paßt es aus leicht begreiflichen Gründen manchen
kirchlichen Corporationen nicht, für ihre Anstalten Steuern
entrichten zu müssen; sie sind vollständig damit einverstanden,
daß Andere, auch wenn sie nicht das geringste Interesse am
Kirchenwesen nehmen, für sie in die Tasche greifen, besonders
da erstere so wie so schon für religiöse Zwecke stark besteuert
sind; letzteres aber hängt ausschließlich von ihrem freien
Willen ab und hat mit der uns hier beschäftigenden Rechts-
frage auch nicht das Mindeste zu thun. Hier in Amerika
sollte doch wahrlich die Kirche ohne jede staatliche Unterstützung existiren können!

Man sagt ferner, das Kircheneigenthum werfe kein Einkommen ab; es sei mithin ein todtes Capital und sollte
daher auch steuerfrei sein. Diese Logik ist noch viel unhalt-
barer. Einkommensteuer zahlt ja überhaupt keine Kirche, da
der Staat die Steuerpflicht größtentheils vom Eigenthums-
besitze abhängig macht. Auf Land, welches müßig liegt, auf
Häuser, die unbewohnt sind, müssen trotz alledem Steuern
bezahlt werden. Ob sich eine Fabrik oder Eisenbahn rentirt
ist eine Frage, um die sich der Staat nicht bekümmert; er
läßt einfach den Werth des betreffenden Eigenthums ab-
schätzen und setzt darnach den Steuerbetrag fest. Wären derartige Gründe zur Erlangung der Steuerfreiheit stichhaltig,
wahrlich, mancher auf schwachen Füßen stehende Geschäftsmann würde darin eine große Wohlthat erblicken.

Man sagt ferner, die Kirchenleute würden doppelt besteuert,
wenn ihr Eigenthum von demselben Standpunkte aus wie
das Vermögen anderer Gesellschaften betrachtet würde; doch
das „doppelt" ist hier ein schlecht gewählter Ausdruck, denn
eine zweimalige Besteuerung desselben Eigenthums wird nie
verlangt und ist gänzlich ungesetzlich. Was jene Leute aber

mit dem Ausdruck „doppelt besteuert" meinen, ist einfach ein Nothschrei, durch den sie angeben, daß sie als Kirchenmitglieder zu größeren Ausgaben verurtheilt sind als die Freigeister. Aber wer hat sie denn dazu verurtheilt? Sie selber, und Niemand anders.

Man hört auch hin und wieder die Behauptung, Kircheneigenthum sei öffentliches Eigenthum. Auch dies ist grundfalsch. Oeffentliches Eigenthum ist solches, das durch vom Volke gewählte Beamte verwaltet wird; die Wahl der Kirchenbeamten aber hängt doch sicherlich nicht von der Majorität der Volksstimmen ab, öffentliches Eigenthum steht ferner unter der Controlle des Volkswillens; die Kirchenbeamten aber würden sich ganz gewaltig auf die Hinterfüße stellen, wenn Jemand, der nicht zu ihrer speciellen Organisation gehört, den Versuch machen wollte, ihr kirchliches Vermögen näher zu untersuchen. Oeffentliches Eigenthum ist aber das Kirchenvermögen eben so wenig wie die Fabriken, Eisenbahnen, Banken u. s. w.

Einzelne Staaten haben Gesetze, in denen, um die Anhäufung großen Reichthums in den Händen der Kirche möglichst zu verhindern, ein bestimmter Werth angegeben ist, der steuerfrei sein soll; auch sollen durch diese Maßregel die anderen Bürger gegen übermäßige Besteuerung geschützt werden; aber so weit meine Erfahrung geht, sind diese Gesetze bis jetzt todter Buchstabe geblieben. Eine jede Steuerfreiheit, mit Ausnahme derjenigen, die sich auf die Staatsanstalten bezieht, ist ein Widerspruch gegen den Geist der Bundes- und Staatsgesetze; es ist noch ein alter Ueberrest aus den Zeiten der Verbindung des Staates mit der Kirche, wenn man der letzteren erlaubt, steuerfrei auszugehen.

Statistischen Ausweisen zufolge bestehen in New-York 6400 kirchliche Organisationen aller Benennungen mit beiläufig eben so vielen Gotteshäusern, welche zusammen an 2,600,000 Sitzplätze enthalten. Die regelmäßige Mitgliederzahl jener Kirchengemeinschaften beträgt über 1,300,000. Der Werth der 6400 Kirchen — Gebäude und Grundstücke — wird auf 101,110,000 Dollar und jener der dazu gehörigen

Pfarrhäuſer ꝛc. auf 16,500,000 Dollar veranſchlagt. Das ergibt an ſteuerfreiem Kircheneigenthum rund 117,610,000 Dollar. Im größten Verhältniß nahm der Reichthum und Einfluß der katholiſchen Kirche hierlands zu, denn während es in 1790 nur an 20 kleine Kirchen und 34 Prieſter gab, exiſtirten in 1876 bereits 8757 Kirchen und 5388 Prieſter. Und das in 1790 auf kaum 100,000 Dollar veranſchlagte katholiſche Kirchenvermögen dürfte in 1876 allergeringſtens 140 Mill. Dollar betragen haben. Selbſtredend hat zu dieſem rieſigen Auf- ſchwung der katholiſchen Kirche die Iren-Einwanderung das Meiſte beigetragen; deren Zahl iſt mit 4,000,000 nicht zu hoch gegriffen. In zweiter Reihe kommen die deutſchen Katholiken mit etwa 1,000,000, dann die Franzoſen mit circa 150,000, ferner die Italiener, Spanier u. ſ. w. mit zuſammen unge- fähr 50,000. — Die von vielen Amerikanern geäußerte Befürchtung, daß in nicht ferner Zeit eine Mehrheit der Bürger der Vereinigten Staaten dem katholiſchen Glauben angehören werde, ja, daß dann möglicherweiſe die katholiſche als Staats-Religion proklamirt werden könnte, entbehrt unſtreitig nicht der Begründung.

Wer daher Kirchen baut und Grund-Eigenthum erwirbt, welches zum großen Theil nicht einmal für eigentliche gottes- dienſtliche Zwecke dient, darf, unter einem gerechten Geſichts- punkt, nicht erwarten, daß der Staat und die Gemeinde ihm den Schutz der öffentlichen Anſtalten unentgeltlich anbietet, während andere Bürger für dieſen Schutz Steuern zahlen müſſen. Wären Kirchen, Tempel und Synagogen reine Wohlthätigkeits-Anſtalten, ſo würden ſie in Anbetracht der großen Dienſte, welche ſie dem Gemeinweſen leiſten, nach dem Geiſte unſerer Geſetze von der Steuerpflicht frei bleiben dürfen. Sie ſind aber in unſeren Zeiten etwas davon ganz Verſchiedenes. Sie ſind zum größten Theil Luxusanſtalten, deren Ausſtattung keine Spur von Einfachheit und Nüchtern- heit an ſich trägt. Die Geiſtlichen werden beſſer beſoldet als Staats- und Gemeindebeamte mit weit größerer Arbeitslaſt. Die Herren leben wie die Götter im Olymp, und der Kirchengemeinde ist keine Ausgabe zu groß, wenn es sich um einen Wettstreit der Eleganz mit anderen Kirchengesellschaften handelt. Wenn daher Kirchengemeinden Geld genug haben für die Entfaltung eines Luxus, wie man ihn früher nur in großen Theatern suchte und fand, so müssen sie auch Geld zur Bestreitung der Staatsbedürfnisse haben. Es ist schlechterdings kein stichhaltiger Grund für die Forterhaltung des alten Privilegiums der Kirchen anzuführen, und je schneller Staatsgesetzgebungen dieses einsehen und darnach handeln, desto mehr werden sie sich der öffentlichen Meinung, welche allen ungerechten Privilegien abhold ist, anpassen.

Im Staate New-York ist es Gesetz, daß die Kirche, das Pfarrhaus und sonstiges einer religiösen Gemeinschaft gehörende Eigenthum, das nicht ein jährliches Einkommen von 3000 Dollar und darüber abwirft, steuerfrei sein soll; aber die Stadt New-York ist voller politischer Demagogen, besonders solcher von irländischer Abkunft, die aus egoistischen Gründen auf Alles, nur nicht auf eine ehrliche Beobachtung der Gesetze sehen. Infolge der dort waltenden, sprichwörtlich gewordenen Corruption und infolge der Popularitätssucht der dortigen Politiker, die ja vor allen Dingen zur Erreichung ihrer Ziele auf irländische Stimmen angewiesen sind, ist niemals eine officielle Schätzung des Kircheneigenthums vorgenommen worden; hingegen aber sind schon vom Staate aus große Summen unter Umgehung des Buchstabens der Gesetze an katholische Institute ausgezahlt worden.

Doch auch einige protestantische Secten sind in der Kunst, Schätze zu sammeln, die weder den Motten noch dem Roste ausgesetzt sind, nicht unerfahren. So eignet z. B. die Trinity-Church-Corporation, eine Episkopal-Gemeinde in New-York, im Geschäftstheile jener Stadt ein Stück Land, das beinahe zwei englische Meilen lang und von $1/4$—$3/4$ Meilen breit ist und dessen Werth auf 25 Millionen Dollar veranschlagt wird. Auf jenem Grundeigenthume befinden sich nach dem officiellen Berichte des dortigen Polizeichefs 764 Schnapskneipen, 96 Prostitutionshäuser und der Himmel weiß, was sonst noch.

Der alte Benjamin Franklin sagt: „Wenn eine Religion gut ist, wird sie sich selbst erhalten; kann sie dies nicht und bekümmert sich auch Gott nicht weiter um sie, so daß ihre Anhänger um die Hilfe des Staates nachsuchen müssen, dann ist sie nach meiner Ansicht eine schlechte." Er wollte also auch nichts von der Unterstützung der Kirche durch den Staat wissen, und als sich einst ein Presbyterianer bei Washington beklagte, daß in der Bundes-Constitution der Religion mit keiner Silbe gedacht sei, erklärte er einfach, die Religion sei Herrin in der Kirche, nicht aber im Staate.

Der amerikanische Staat hält mithin jede kirchliche Gemeinschaft für eine Privatgesellschaft, in der sich die Leute zum gemeinschaftlichen Gottesdienste verbunden haben. Als solche stellt sie auch ihre Statuten für Aufnahme und Ausschließung der Mitglieder auf. Wird ein Mitglied aus der Kirche ausgeschlossen und dies in der betreffenden Gemeinde bekannt gemacht, so hat dasselbe kein Recht, jene Corporation wegen Verleumdung gerichtlich zu belangen und zwar deshalb nicht, weil es sich nur eine den kirchlichen Privatgesetzen nicht entsprechende Handlung zu Schulden kommen ließ. Die Kirche selbst bestimmt, wer Mitglied sein soll, und wer nicht. Doch ist vor Kurzem in Michigan entschieden worden, daß man gegen katholische Geistliche, die nach ihrem speciellen Ritus ein Mitglied öffentlich aus der Kirche stoßen, klagbar auftreten kann, weil man nämlich darin einen Angriff auf den Charakter des Betreffenden erblickt.

Durch die „Supreme Court" in Springfield, Mass., wurde der katholische Priester Dufresne von Holyoke zur Büßung einer Geldentschädigung von 3433 Dollar an einen dortigen Geschäftsmann verurtheilt, weil er den Gläubigen seiner Gemeinde verbot, mit oben Genanntem als einem Excommunicirten in geschäftlichen Verkehr fernerhin zu treten. Der Gerichtshof stellte da den Grundsatz auf: Ob und wie oft ein Priester Bannflüche gegen einen katholischen Christen erlasse, sei dem Staate gleichgiltig, aber sobald ein Priester die kirchliche und geschäftliche Stellung des Excommunicirten

nicht unterscheiden wolle, also das Geschäft eines Mannes
zu Grunde zu richten suche, so dürfe der Staat eine solche
kirchliche Macht nicht dulden.

Eine ähnliche gerichtliche Entscheidung wurde über einen
Kirchhofsstreit auf Long-Island abgegeben. Ein gewisser
Dennis Coppers besaß auf dem Calvarien-Kirchhofe der
St. Patricks-Cathedrale in New-York laut gesetzlichen Kaufs-
Dokumentes ein Erbbegräbniß. Weil Freimaurer, wurde ihm
aber von den Priestern die Aufnahme in sein Erbbegräbniß
verweigert. Das Gericht aber entschied, daß das fragliche
Erbbegräbniß das unanfechtbare Eigenthum der Familie
Coppers sei, und daß keine Kirche die Macht habe, die
Familie an der Benützung ihres durch einen weltlichen Kauf-
vertrag, in welchem nichts von strenggläubigen Katholiken
stehe, erworbenen Eigenthums zu verhindern.

Ebenso wurde der fanatische katholische Priester in Bates-
ville, Ind., der einige seiner Schüler barbarisch durchprügelte,
weil sie der Beerdigung eines protestantischen Knaben bei-
gewohnt hatten, von der weltlichen Behörde nur als brutaler
Prügler eingesteckt, indem dieselbe sich nicht um seine geistliche
Stellung als Pfarrer kümmerte.

Der amerikanische Staat tritt so in aller Ruhe und
Sicherheit den Anmaßungen und Uebergriffen der Kirche
entgegen, ohne eines Culturkampfes und seiner Polizeigesetze
zu bedürfen.

Der Staat kann da einschreiten, wo bei der Ausschließung
eines Kirchenmitgliedes nicht statutengemäß verfahren wurde;
im Allgemeinen gilt jedoch die Regel, sich so wenig wie möglich
um die inneren Angelegenheiten der Kirche zu bekümmern.

Die Kirche hat vor dem Gesetze alle Rechte einer incor-
porirten Privatgesellschaft. Als solche kann sie Eigenthum
erwerben und vor dem Gerichte klagbar auftreten. Der Staat
sorgt dafür, daß ihre Versammlungen nicht gestört werden,
was er natürlich auch für die Zusammenkünfte nichtkirchlicher
Vereine thut. Wer Prediger, Vorsteher oder sonst ein Beamter
der Kirche sein soll, ist dem Staate ganz gleichgiltig. Ver-

mächtniſſe für Kirchen werden officiell als Vermächtniſſe für wohlthätige Zwecke angeſehen und keine Gemeinde hat das Recht, dieſelben zu anderen Zwecken als zu den vom Stifter vorgeſchriebenen zu verwenden.

Religionsfreiheit und Trennung des Staates von der Kirche ſind zwei dem Geiſte unſerer Zeit entſprechende Errungenſchaften, deren ſich hauptſächlich Nordamerika rühmen kann. Der alte Fritz, der doch unter Anderem ſeiner Zeit den Geiſtlichen befahl, das Himmelfahrtsfeſt auf den Sonntag zu verlegen, damit die Leute nicht von ihrer Arbeit abgehalten würden, ſagt: „Sobald jede Art, Gott zu verehren, frei iſt, herrſcht Ruhe, anſtatt daß die Verfolgung die Quelle der blutigſten, langwierigſten und verheerendſten Bürgerkriege geweſen iſt." Religionsfreiheit aber meint keine Freiheit von der Religion, ſondern nur Freiheit von menſchlicher Autorität in derſelben. Indem man ſelber dieſes edle Gut genießt, iſt es nicht mehr als billig, es auch ſeinen Mitmenſchen unverkürzt zukommen zu laſſen. Religion beſteht denn doch in einer freiwilligen Gottesverehrung; eine gezwungene hat doch nicht den allergeringſten ſittlichen Werth. Kein Vater kann ſeinem Kinde Religion einprügeln; ein Staat kann durch geſetzliche Einführung eines beſtimmten Cultus höchſtens Heuchler erziehen und derſelben haben wir wahrhaftig ſo wie ſo ſchon mehr als genug.

Wirkliches, religiöſes Leben kann ſich nur da zeigen und nur da zur vollen Entfaltung gelangen, wo es vom ſtaatlichen Mechanismus gänzlich abgeſondert iſt. Zieht ſich, wie dies heutigen Tages in allen Culturländern der Erde der Fall iſt, der gebildetere Theil des Volkes von der Kirche zurück, weil er ſich keinen officiellen Glauben, der allen Errungenſchaften der modernen Wiſſenſchaft Hohn ſpricht, aufnöthigen laſſen will, ſo entſteht zwiſchen der Volks- und der Regierungsreligion eine Kluft, die von der durch künſtliche Erweckungsverſammlungen noch durch Millionen rückſchrittlicher Traktate überbrückt wird. Die Wiſſenſchaft kehrt einmal nicht mehr um, und der Schutz, welchen der Staat dem altersschwachen Autoritätsglauben angedeihen läßt, mag hin und wieder den Aberglauben noch eine Zeit lang befestigen, die eigentliche Religiosität aber treibt er dadurch aus der Oeffentlichkeit und substituirt sie durch eine berechnende Heuchelei.

Die Religion hat zu allen Zeiten großen Einfluß auf die Masse ausgeübt und daß sich daher der Staat diese gewaltige Macht zu Nutzen machte, war einfach ein diplomatischer Schachzug. Orakel, Weissagungen und angebliche Vorrechte erhielten erst dadurch eine heilige Weihe, daß man sie aus dem Willen der Götter herleitete. Jehova, von dem im alten Testamente mehr Verdammungs-Urtheile als Segenssprüche berichtet werden, gab seine Gesetze sehr bezeichnend unter Donner und Blitz; denn nur da, wo Furcht und Zittern herrschten, war es möglich, einen theokratischen Staat zu bilden. Die Ausführung eines solchen ist aber für die Jetzt= zeit zur Unmöglichkeit geworden.

Welche Secte es hier in Amerika am Besten versteht für ihre Lehren Propaganda zu machen, behauptet das Feld; kann der Katholicismus den Protestantismus besiegen, so steht ihm vom Staate aus nichts im Wege, es zu thun. Bringen es die Mormonen fertig, uns zum Evangelium Smith's zu bekehren, so kann sich das Gesetz höchstens in das polygamistische Dogma desselben mischen; will eine Ge= meinde aus ihrem Kirchengebäude ein Theater, ein Trinklocal oder ein Institut für wissenschaftliche Zwecke machen, so hat sie lediglich sich selbst darüber Rechenschaft zu geben. Laßt euch also dahier ruhig heilige Hühner ausbrüten und euch von denselben euer Schicksal prophezeien; beobachtet den Flug der Vögel und beschaut die Eingeweide der Opferthiere; denkt euch den Himmel voller Seehunde wie der Grönländer oder voll schöner Mädchen wie der Muselmann; betet wie der Pharisäer oder wie der Zöllner, oder laßt dies Geschäft wie die Chinesen durch Maschinen verrichten; verehrt römische, griechische oder scandinavische Götter, wenn ihr daran Ge= fallen findet; gründet Wallfahrtsplätze mit oder ohne wunder= wirkende Jungfrauen; stellt euch auf Säulen wie der heilige

3

Simon und schnürt euch den Leib mit einem eisernen Gürtel
zusammen; legt euch wie weiland der heil. Markarius in
einen ekelhaften Morast und laßt euch von Insekten zer-
stechen; geißelt euch mit Dornen, trinkt aus Spucknäpfen
und taucht wie die heilige Therese und ihre Nonnen euer
Brod vor dem Verspeisen in faule Eier; tanzt und hüpft
zur größeren Ehre Gottes wie der König David oder die
geisteskranten Shakers; verwerft mit den Unitariern das
Dogma der Erbsünde und der ewigen Höllenstrafe; glaubt
mit den Universalisten, daß Gott infolge seiner unermeßlichen
Gnade alle Menschen ohne Ausnahme zuletzt selig mache;
wollt ihr wie die alten Germanen euren Gottesdienst in
einem grünen Walde abhalten, ohne für Heiden angesehen
zu werden, so schließt euch einem Campmeeting der Methodisten oder dem einer anderen amerikanischen Secte von buch-
stabenseliger Richtung an; habt ihr Gefallen daran, daß der
Prediger zu eurer Erbauung beständig zittert, rast und schreit
als ob er von Sinnen wäre; wollt ihr sehen, wie zarte
Frauen in Zuckungen verfallen und jämmerlich um Gnade
schreien, als ob sie vom Teufel besessen seien, so besucht den
Gottesdienst der Albrechtsbrüder; findet ihr aber nirgends
Beruhigung und die Gewährschaft eures Seelenheiles, nun,
so geht hin und gründet eine neue Secte nach eurem Geschmacke und seid versichert, daß der Staat nichts dagegen
einwenden und die Welt nicht aus den Fugen gehen wird.

In der religiösen Freiheit haben wir die sicherste Garantie
gegen allen Fanatismus. Wie die Preß- und Redefreiheit
dahier das Ventil ist, durch welches sich der überflüssige
Dampf der Unzufriedenen entfernt, so liegt in der ungehinderten
Vermehrung der Secten weniger Gefahr für den Staat, als
wenn er derselben gesetzliche Schranken zöge. Bei dieser Freiheit befinden sich alle Secten wohl und sogar die Katholiken,
die doch sonst im Principe gegen die Trennung des Staates
von der Kirche sind, da sich der erstere stets den unfehlbaren
Dogmen der letzteren fügen muß, haben hier vorläufig nichts
dagegen einzuwenden, denn sie stehen sich ja recht gut dabei.

Den Secten gegenüber huldigt Amerika dem vollständigsten
Indifferentismus.

Wir kommen nun zu einer anderen wichtigen Frage,
nämlich zu der, ob Religion in den öffentlichen Schulen
gelehrt werden soll, oder nicht. Trotzdem sich aus dem bisher
Gesagten eine bestimmte Antwort von selbst ergibt, so ist es
doch nöthig, diese Angelegenheit, die schon so viel Staub
aufgewirbelt und in welcher sich der amerikanische Charakter
der „Zweiärzlerei" so eclatant gezeigt hat, etwas ausführlicher
zu behandeln.

„Alle Unterstützung des religiösen Unterrichtes", sagt der
geistreiche Richter Cooley in seinen „Constitutional Limi-
tations", „muß eine freiwillige sein"; dadurch macht er also
den Religionsunterricht zur Privatsache des Individuums
— eine Ansicht, die sich trotz aller Einwendungen als die
herrschende erwiesen hat. Wenn der Staat einmal nichts mit
Religion zu thun hat, so haben es auch seine Schulen nicht,
das ist klar; dann auch nur werden seine Anstalten so recht
zu öffentlichen, denn sie treten keinem religiösen Bekenntnisse
zu nahe. Wenn der Staat für die Gelegenheit sorgt, daß
alle Kinder ohne Ausnahme die Gelegenheit für eine gute Ausbildung haben, so hat er seine Schuldigkeit vollkommen gethan.

Da schreien nun besonders die Katholiken, daß die öffentlichen Schulen aus ihren Steuern erhalten würden, und sie
könnten es doch nicht mit ihrem Gewissen vereinigen, ihre
Kinder hineinzuschicken; denn eine Schule ohne Religion sei
ja eine wahre Teufelsanstalt. Sie errichten daher überall
Privatschulen, für die sie natürlich auch privatim bezahlen
müssen. Wollte der Staat in seinen Schulen die einzelnen
Secten berücksichtigen, so würde er bald ausfinden, daß er
sich in eine unlösbare Aufgabe eingelassen. Pflanzstätte
sectirischen Hasses und religiöser Vorurtheile sollen die öffentlichen Schulen nicht sein. Wenn der Staat also die Katholiken
für Schulzwecke besteuert, so sieht er in ihnen nicht Katholiken,
sondern einfach Bürger, die er auch für Armen-, Waisen-
und Irrenhäuser besteuert. Er kann sich daher auch nicht in

die von den Katholiken stürmisch verlangte Theilung des
Schulfonds einlassen. Betrachten wir die Schulfrage vom
Standpunkte der Katholiken, Methodisten, Baptisten u. s. w.
so werden wir uns wohl schwerlich darüber verständigen, als
gleichberechtigte Bürger jedoch sehr leicht, denn als solche
sehen wir ein, daß unserem stolzen Gebäude der öffentlichen
Schulen, worin bis jetzt die Kinder der Juden, Christen und
Heiden, der Reichen und Armen friedlich neben einander
gesessen und den Grund zu dem confessionellen Frieden gelegt
haben, durch die Theilung des Schulfonds der Todesstoß
gegeben würde. Nach letzterem sehnen sich übrigens die Katholiken, wodurch sie sich wesentlich von ihren protestantischen
Mitbürgern unterscheiden.

Die Hauptgründe, weshalb die Katholiken unseren öffentlichen Schulen den Krieg bis aufs Messer erklärt haben,
sind folgende: „Jeder Unterricht muß einen religiösen An-
strich besitzen; eine religionslose Schule ist eine Werkstätte
des Teufels und dient nur zur Beförderung des Atheismus.
Sie befaßt sich mit werthlosen Dingen, die nur für kurze
Zeit des Erdenlebens berechnet sind und die daher das Seelen-
heil gefährden. Es ist viel nöthiger, daß unsere Kinder beten
und Gott verehren lernen, als daß sie in die Geheimnisse
des Einmaleins oder des A. B. C. eingeweiht werden.

Wenn der Katholik von Religion spricht, so meint er selbstverständlich seine eigene, unfehlbare; man führe also dieselbe in
den öffentlichen Schulen ein und er wird sich zufrieden geben.
Lehrte man hingegen Religion nach Ansichten der Protestanten,
so würde er Zeter und Mordjo schreien und jammern, daß
nun seine Kinder auf ewig verdammt seien. Würden seine
Kinder dadurch gerade nicht zu Protestanten gemacht, so
büßten sie doch sicherlich einen Theil ihres heiligen Katholicismus ein und das wäre schon schlimm genug. Läßt man,
wie das hin und wieder concessionsweise geschehen ist, den
Schulunterricht mit Gebet und dem Verlesen eines Bibelab-
schnittes beginnen, so ist dies den Katholiken eine zu ungenügende
Berücksichtigung ihrer speciellen religiösen Bedürfnisse.

Dann ist auch das Abschließen der Katholiken von den Andersdenkenden eine nothwendige Sache, für die die Priester unausgesetzt thätig sind. Dieselben schüren beständig deshalb den Haß gegen die protestantischen Ketzer, damit sich ihre Schafe immer mehr als besondere Klasse absondern und sie ihren Einfluß auf dieselben nicht einbüßen. Die hiesigen Priester wissen es nur zu gut, daß ihre erstaunlich wachsende Macht dahier auf drei Quellen, nämlich auf das systematische Absondern ihrer Schutzbefohlenen von den Protestanten, auf die geregelte Importation katholischer Einwanderer und auf der ausschließlich kirchlichen Erziehung der Kinder beruht. Nimmt man ihnen letztere aus den Händen, so könnte sich der Katholicismus nicht solcher außerordentlichen Erfolge rühmen und deshalb probirt er auch stets sein Bestes, das Institut der öffentlichen Schulen durch allerlei jesuitische Kniffe zu unterminiren. Besonders sind in der letzten Zeit die katholischen Bischöfe deutlich mit der Sprache herausgekommen und haben den ihnen untergeordneten Priestern streng anbefohlen, keinem Katholiken die Segnungen seiner Kirche angedeihen zu lassen, der seine Kinder in jene gottlosen Schulen schickt. Und diese Befehle sind nicht wirkungslos geblieben.

Aus Boston im Staate Massachusetts wurde unter'm 25. November 1879 Folgendes geschrieben:

„Es wird wohl nun nicht mehr zu leugnen sein, daß eine ganz neue Politik von Seiten der römisch-katholischen Kirche gegen die Frei- und Staatsschulen unseres Landes eingeleitet werden soll. Der Erzbischof John Joseph Williams von Boston hat, in Anbetracht des Rathes des Papstes Leo XIII. an einen Bischof in Europa, alle Priester seiner Erz-Diöcese angewiesen, sobald als möglich überall katholische Pfarrschulen zu errichten und sofort zu eröffnen und er hat diese Aufforderung an seine Geistlichkeit zu gleicher Zeit mit der Drohung verbunden, alle Eltern, welche diesen katholischen Pfarrschulen in irgend einer Weise ihre Patronage oder ihre Unterstützung verweigern sollten, mit den schwersten und

nachdrücklichsten kirchlichen Strafen zu belegen. In solchen
Localitäten, von denen es nach dem Dafürhalten des Erzbischofs bekannt ist, daß die Freischulen in irgend einer die
katholischen Interessen auch nur im Geringsten schädigenden
Weise verwaltet worden sind oder noch verwaltet werden
sind die Priester auf's Strengste angewiesen worden, alle
katholischen Kinder sofort aus den Freischulen wegzunehmen
und zwar auch dann, wenn zur Zeit noch keine katholische
Pfarrschule in einer solchen Ortschaft oder in der Nähe derselben bestehen sollte. In solchen Fällen sollen nach der An-
ordnung des Erzbischofs die Kinder katholischer Eltern vor
der Hand in gar keine Schule gesandt und zu Hause behalten
werden."

Despotismus und Ignoranz sind ja von jeher die festen
Burgen des Katholicismus gewesen.

Hier kommt der Katholicismus mit zahlreichen protestantischen Secten und freien, öffentlichen Institutionen in Be-
rührung und trotzdem er es trefflich versteht, sich die letzteren
zu Nutzen zu machen, so ist doch die Behauptung seines
Standpunktes äußerst schwierig. Die Welt schreitet voran und
die religiöse Aufklärung bricht sich von Tag zu Tag mehr
Bahn; der Katholicismus aber kann sich nur da in Macht
und Einfluß erhalten, wo die dichteste, geistige Finsterniß
herrscht. Die planmäßige Erziehung, resp. Verdummung seiner
Kinder ist daher eine Lebensfrage für ihn. Dazu hat er
natürlich das vollständigste Recht, das wir ihm nicht schmälern
möchten; denn es ist dies ein Recht, das der Katholik mit
jedem anderen Bürger gemein hat, nur möge Jeder auch
seine Rechnung selber bezahlen. Wenn aber der Katholik
unsere öffentlichen Schulen laut verdammt und geflissentlich
die Eltern mit Argwohn gegen dieselben erfüllt und wenn
er ferner die Theilung des Schulfonds verlangt, dann muß
er sich gefallen lassen, daß man ihm energisch gegenüber tritt.

Unsere Schulen stehen unter der Aufsicht des Staates,
der zur Erhaltung derselben jeden Bürger besteuert; weil sie
also Staatsanstalten sind und der Staat als solcher mit

keiner Religion etwas zu thun hat, so fällt selbstverständlich
ein jeder Religionsunterricht in denselben weg. Dies ist vom
Standpunkte eines amerikanischen Bürgers aus betrachtet,
die einzig richtige Auffassung und Lösung dieser Frage. Der
Staat gibt der Jugend Gelegenheit, sich nützliche Kenntnisse
aneignen zu können und hat damit seine Schuldigkeit gethan.
Erhält nun das Kind keinen Religionsunterricht, so ist dies
lediglich die Schuld der Eltern; denn jede Secte hat dafür
Anstalten getroffen.

Als in Cincinnati vor mehreren Jahren die Majorität des
Schulrathes beschloß, die Bibel aus den öffentlichen Schulen
zu verbannen, hatte dieselbe sämmtliche Katholiken auf ihrer
Seite; erstere opponirte dem Bibellesen, weil dasselbe nicht
in jene Anstalten gehöre, und letztere, weil man dabei die
protestantische Bibel in der sogenannten King James Version
gebrauchte und nicht die katholische, von Douay besorgte
Ausgabe. Für jene Schulen war vorgeschrieben, daß vor dem
Anfange des Unterrichts ein Abschnitt aus der Bibel vor-
gelesen werden sollte und zwar ohne jeden Commentar von
Seiten des Lehrers. Letzteres stimmt nun mit der pädagogischen
Regel, dem Kinde nichts unerklärt zu lassen, nicht überein,
und dann war die ganze Procedur als formelle Berücksichtigung der Religion doch zu ungenügend. Das Bibellesen
war weiter nichts als eine mechanische Sache, die aber, weil
einmal vorgeschrieben, auch verrichtet werden mußte.

So sehr sich mitunter dahier die protestantischen Secten
in ihren zahlreichen Zeitungen bekämpfen, in der Schulfrage
aber sind sie größtentheils alle einig und machen gegen die
Uebergriffe und das ungerechtfertigte Verlangen der Katholiken energisch Front. Die Bibel als Schulbuch betrachtet
hat wenig Werth. Ueber Mathematik, Geographie, Botanik,
Ackerbau u. s. w. findet man wenig Auskunft darin und
Lesen und Schreiben kann man ganz gut ohne sie lernen
und lehren. Trotzdem gibt es doch noch zahlreiche Protestanten,
die da behaupten, man könne sie der Jugend nicht früh
genug in die Hand geben, und doch befinden sich darin Ab-

schnitte, die sich Niemand in anständiger Gesellschaft vor-
zulesen getraute und die kein Prediger von der Kanzel aus
zur Lektüre empfehlen würde. Die Bibel ist auch nicht das
beste Buch für den Unterricht in der Moral; sie ist ein
Religionsbuch und da sie als solches die Grundlage zahl-
reicher Secten bildet, die sich so oft feindlich gegenüberstehen,
so eignet sie sich nicht für die freien, öffentlichen Schulen
Amerika's.

Gewisse Protestanten behaupten, Religion und Unterricht
— Erziehung sucht man nämlich in unseren Schulen ver-
gebens — gehörten nothwendig zusammen und daher sollte
man auch der Bibel in unseren Anstalten ein Plätzchen
gönnen. Aber gerade die Protestanten harmoniren am wenigsten
in Bezug auf den Inhalt der Bibel mit einander; wollte
man also die Bibel lesen lassen und die nöthigen Erläute-
rungen dazu geben, so erhielt einfach das Sectenthum dadurch neue Nahrung. Dann könnten auch die Katholiken
verlangen, daß man die Douay'sche Ausgabe benützte; denn
es handelte sich hier einfach um das religiöse Mein und Dein.

Aber außer Katholiken und Protestanten gibt es dahier
noch eine große Anzahl ordentlicher, steuerzahlender Bürger,
als da sind Atheisten, Pantheisten, Spiritualisten, Swedenborgianer, Juden u. s. w., deren Ansichten in einer Demokratie
ebenfalls Berücksichtigung verdienten; denn was dem Einen
recht ist, ist dem Andern billig. Die öffentlichen Schulen
aber sind Eigenthum des gesammten Volkes. Die Idee nun,
daß die Christen besteuert werden sollten um Aberglauben
und Unglauben zu befördern, ist eben so absurd, wie das
Verlangen einem Juden oder Freigeiste Abgaben zum Besten
des Christenthums aufzuerlegen. Jeder Anhänger irgend einer
Secte glaubt doch, er sei im Besitze der wahren Religion
und es ist doch sicherlich nicht die Aufgabe des Staates, zu
entscheiden, wer in der Wahrheit und wer im Irrthum ist.
Hätte der Staat das Recht dies zu thun, so hätte er auch
die Pflicht, der von ihm anerkannten Religion Verbreitung
zu verschaffen und jede andere Richtung und Ansicht zu unter-

drücken. Dies wäre der Anfang einer neuen Inquisition; glücklicherweise aber beruht die amerikanische Union auf demokratischen und nicht auf theokratischen Principien.

Die Schule ganz und gar aufzuheben, weil man es in der Religion darin unmöglich allen Menschen recht machen kann, wäre ein Mittel, das schlimmer ist als die Krankheit. Nur durch jene Schulen ist es dem Unbemittelten möglich, sich gute Kenntnisse für das Leben zu erwerben; überließe man die Schulen lediglich Privatleuten und Gesellschaften, so würde der Ausbildung sectirerischer Vorurtheile Thür und Angel geöffnet. Auf der Basis aber, auf der das öffentliche Schulwesen jetzt ruht, ist es dem Amerikaner das sicherste Unterpfand politischer und socialer Freiheit.

Eine Theilung des Schulfonds und eine damit nothwendig verbundene Zersplitterung der öffentlichen Anstalten wird daher auch nur von den Katholiken, die eingestandenermaßen erst Rom und dann den Landesgesetzen gehorchen, verlangt. Würde man sich diesem Wunsche fügen, so wäre in dünn besiedelten Gegenden eine gute Schule ein Ding der Unmöglichkeit. Einer 40 bis 50 Familien zählenden Ansiedlung ist es leicht möglich, aus den gemeinschaftlichen Steuern eine respektable Schule zu erhalten und einen guten Lehrer zu besolden; man vertheile aber die Steuereinnahmen an die Katholiken, Baptisten, Juden und Atheisten jener Ansiedlung und keine einzige Secte wird im Stande sein, für die Ausbildung der Jugend hinreichend zu sorgen. Auch würde dadurch der Heranbildung einer homogenen Nation ein gewaltiger Riegel vorgeschoben, und der schlimme Sectengeist, der da die Ansichten Anderer nicht zu würdigen versteht, würde den zarten Kindern für ihr ganzes Leben eingeimpft. Und an der Ernährung eines solchen, das demokratische Gemeinwesen so schwer bedrohenden Geistes, wäre im Grunde der Staat nur selber schuld. Das Steuergeld ist Eigenthum des Staates, das er zum Besten seiner Bürger, aber nicht der Secten anzuwenden hat. Wem seine religionslosen Schulen nicht gefallen, kann sich eine nach seinem eigenen Geschmacke gründen; thut

er dies nun, so thut er es wahrhaftig nicht im Interesse des
Staates, sondern nur zum Besten seiner Secte.

Doch da bliebe noch ein Ausweg übrig, der nämlich, den
Religionsunterricht auf besondere Stunden zu verlegen und
es alsdann jedem Pastor zu gestatten, sich seiner Schäflein
anzunehmen. Doch hier ist nur die Frage, ob überhaupt
Religion an den öffentlichen Schulen gelehrt werden soll,
oder nicht. Wie der Schüler die Zeit vor und nach den
officiellen Unterrichtsstunden zubringt, ist nicht Sache des
Staates; wollen alsdann die Eltern für den ihnen zusagenden
Religionsunterricht sorgen, so steht ihnen ja nichts im Wege.
Oder sollte wohl über den religiösen Unterricht in den
Volksschulen die Majorität entscheiden? Dieselbe ist heute
katholisch und führt den Mariencultus ein; morgen ist sie
freigeistig und läßt Paine's „Age of Reason" auswendig
lernen; übermorgen ist sie vielleicht swedenborgianisch und
alsdann wäre die „Wahre christliche Religion" gerettet. Da
hätte der Wirrwar erst recht kein Ende, die Volksschulen
aber sollen weder Kirche, noch Synagoge, noch irgend ein
theologisches Sectenseminar sein; Alles, was sie zu thun
haben, ist, daß sie den Kindern aller Bürger ohne Unter-
schied des Geschlechtes, der Farbe und der Religion freien und
guten Unterricht gewähren. Der oberste Gerichtshof entschied
einst, daß vor den Gesetzen das Christenthum keine größeren
Rechte als das Judenthum oder der Buddhismus habe.

Der Lehrer kann überhaupt nicht für Alles sorgen. Wenn
er Unterricht in den Elementar- und Realfächern gibt, so
werden doch sicherlich die Eltern dadurch nicht abgehalten,
für die religiöse Ausbildung ihrer Kinder auf dem Privatwege zu sorgen.

Der Staat hat nur mit dem gegenwärtigen Menschen zu
thun; das Leben desselben nach dem Tode im Voraus zu
controlliren, ist nicht seine Aufgabe.

Da sagt man nun, Schulen ohne Religion seien gottlose
Anstalten. Nun, dann ist gar vieles im Leben gottlos. Der
Kaufmann, der uns seine Waaren zumißt oder zuwiegt, ohne

dabei den Namen Gottes zu gebrauchen oder uns einen Psalm vorzudeclamiren, ist ein gottloser Mensch und hat ein gottloses Geschäft. Der Student, der sich mit dem Studium der Medicin befaßt und während der Vorlesungen auf der Universität kein Wörtchen über Religion vernimmt, betreibt eine gottlose Wissenschaft; die Fabrik, die ihre Leute täglich zehn Stunden arbeiten läßt, ohne ihnen inzwischen Zeit zum Anhören einer Predigt zu gewähren, ist ein gottloses Institut; eine Schule, die nur Lesen, Schreiben und Rechnen lehrt, ist also eine gottlose Schule; wollte man aber daraus schließen, daß sie gegen die Religion sei, so würde man sich gewaltig irren. Die Erfahrung aber hat bisher klar und deutlich ge-zeigt, daß der confessionelle Friede dadurch gefördert wird, daß man die Schule mit Glaubenssachen verschont. Der Staat an und für sich kann hier kein officielles Glaubens-bekenntniß haben und folglich auch keins für den Schul-unterricht empfehlen. Hätte er ein solches, so wäre die hier so gepriesene Religionsfreiheit an ihrem Ende angelangt.

Und wer sollte hier ein solches Bekenntniß empfehlen? Die Beamten? Dieselben werden jährlich von und aus dem Volke gewählt und zwar ohne auf ihre Confession dabei Rücksicht zu nehmen; würden sie sich daher auf ein solches Instrument einigen können? Gesetzt den Fall, diese Beamten beständen der Mehrzahl nach aus Lutheranern, im nächsten Jahre aber aus Baptisten — wie viele officielle Glaubens-bekenntnisse würden wir wohl da im Laufe von zehn Jahren aufzuweisen haben?

Kurzum, dankt Gott, daß wir in keinem officiell-christlichen Lande wohnen! Man behauptet zwar oft das Gegentheil und zählt zahlreiche Gründe dafür auf. Einer derselben ist, daß der Sonntag allgemein als christlicher Festtag anerkannt sei und als solcher gesetzlichen Schutz genieße. Es ist wahr: es bestehen hier fast überall strenge Sonntagsgesetze und je nachdem der Bürgermeister einer Stadt gesonnen ist, gelangen sie auch unbarmherzig zur Ausführung. Die Ruhe des Sonn-tags wird hier viel strenger aufrecht erhalten als im alten

Europa; wer an diesem Tage ein Glas Wein oder Bier trinken will, muß es in den meisten Städten heimlich hinter verschlossenen Thüren thun.

Der Sonntag ist ein Tag der Ruhe und für Viele ein Tag der Andacht; gesetzlich ist er kein Arbeitstag. Eine Clausel in der Bundesconstitution lautet: „Wenn der Präsident innerhalb zehn Tagen — Sonntage ausgenommen — keine Bill an den Senat zurückschickt, so tritt dieselbe in Kraft; einerlei, ob er sie unterzeichnet hat, oder nicht." Hier ist nun von keinem Sonntagsgesetze die Rede, sondern es ist einfach gesagt, daß der Präsident an jenem Tage zu keinen Amtsgeschäften verpflichtet sei.

In den revidirten Statuten der Vereinigten Staaten finden wir drei Hinweise auf den Sonntag. Erstens wird gesagt, daß die Land- und Seecadetten nicht gezwungen werden können, an jenem Tage zu studiren; zweitens soll in Bankerottfällen beim Zählen der Tage die Sonntage, der vierte Juli und der erste Weihnachtsfeiertag nicht mitgerechnet werden und drittens sollen die Geistlichen der Armee am Sonntage wenigstens einmal Gottesdienst halten. In den beiden ersten Bestimmungen wird der Sonntag einfach als Tag der Ruhe angesehen; in der dritten wird den Geistlichen der Armee — aber auch nur diesen — anbefohlen, Kirche zu halten.

Es ist ein althergebrachter Gebrauch des Kongresses Sonntags keine Geschäfte zu thun; auch die übrigen Staatsbeamten feiern alsdann und nur die bei der Post Angestellten sind nicht ganz ihres Dienstes entbunden. Einen Sonntag aber als christlichen Feiertag kennt unsere Regierung nicht.

Die Constitutionen mehrerer Staaten erwähnen des Sonntags mit keinem Worte. In der Verfassung von Vermont jedoch heißt es: „Jede christliche Secte sollte den Sabbath oder den Tag Gottes beachten (observe) und irgend einen religiösen Gottesdienst halten, wie er ihnen dem offenbarten Willen Gottes gemäß am entsprechendsten erscheint." Diese Bestimmung bezieht sich also nur auf die Secten der christlichen Kirche; auch enthält dieselbe kein Gesetz, sondern nur eine moralische Aufforderung. Jener Staat könnte auf Grund dieser Clausel sicherlich Niemanden zwingen, den Sonntag auf christliche Weise zu feiern.

Die Constitutionen aller Staaten überlassen die Zeit, Art und Weise der Gottesverehrung ruhig ihren Bürgern und sorgen nur für die Aufrechterhaltung der Ruhe und Ordnung. New-York schreibt unter Anderem Folgendes vor:

„Am ersten Tage der Woche sind verboten: Schießen, Jagen, Fischen, Spielen, Pferdewettlaufen, Besuchen der Wirths-häuser und alle ungesetzlichen Uebungen; alles Reisen mit Ausnahme in Fällen der Noth; alles Arbeiten ausgenommen, wenn dasselbe keinen Aufschub duldet, wonach sich jene Leute, welche den letzten Tag der Woche, Samstag genannt, feiern und die an diesem Tage nicht arbeiten, nicht zu richten brauchen; doch dürfen sie durch ihre Thätigkeit nicht diejenigen Leute stören, welche den Sonntag feiern wollen. Verboten sind ferner das Verkaufen verschiedener Waaren und das Aus-schenken von Getränken in Gasthäusern, mit Ausnahme an die darin wohnenden Gäste.“

Aus allen constitutionellen Bestimmungen geht deutlich hervor, daß der Sonntag nur als ein Tag der Ruhe gilt, an dem jede Arbeit, die nicht aufgeschoben werden kann, ruhen soll und an dem jeder seine Kirche besuchen kann, ohne daß er dabei gestört wird. Daß der Sonntag ausschließlich als eine bürgerliche Einrichtung betrachtet wird, geht aus vielen gerichtlichen Urtheilen hervor, welche in dieser An-gelegenheit gefällt worden sind. Man hätte also ebensogut irgend einen anderen Tag als officiellen Ruhetag bestimmen können. Daß gerade der Sonntag gewählt wurde, hat natürlich seinen Grund in dem Umstande, daß die meisten Bewohner der Vereinigten Staaten Christen sind; bestände die Majorität aus Juden so unterläge es wohl keinem Zweifel, daß alsdann der Samstag gefeiert würde. Der Staat New-York hat den Juden, besondere Concessionen gemacht; sie brauchen am Samstage bei keiner Schwurgerichtssitzung thätig zu sein, noch können sie zu militärischen Pflichten angehalten werden.

Die Sonntagsgesetze sind, wie wir gesehen haben, negativer
Natur; sie verbieten gewisse Thätigkeiten, schreiben aber eine
weitere Heilighaltung mit keinem Worte vor. Man kann
also gesetzlich den Sonntag halten, aber zugleich in religiöser
Hinsicht ein Verächter desselben sein.

Der Sonntag hier steht also auf derselben Stufe wie der
22. Februar, der 25. Dezember, der 1. Januar und der
4. Juli. In dieselbe Kategorie gehört auch der jährlich von
den Gouverneuren einzelner Staaten angeordnete Danksagungstag. Die Feier eines solchen Tages stammt aus Massachusetts,
wo sie lange vor der Revolution gebräuchlich war. Präsident
Washington setzte durch eine Proclamation einen allgemeinen
Danksagungstag im Jahre 1795 fest; seit jener Zeit aber
werden die betreffenden Aufforderungen von den Gouverneuren
einzelner Staaten, hin und wieder auch von den Bürger-
meistern einzelner Städte erlassen. Es ist dies einer von den
wenigen alten Gebräuchen, die sich noch aus der Colonial-
zeit erhalten haben. Das Feiern solcher Tage kann natürlich
nicht gesetzlich erzwungen werden und es ist auch in keiner
Staatsconstitution den öffentlichen Beamten vorgeschrieben;
das Feiern und Danken wird lediglich anempfohlen und
wer sich darnach richten will, mag es ruhig thun; Pflichten
werden ihm deshalb nicht auferlegt. Jene Proclamationen
haben übrigens durchaus keinen officiellen Character; auch
wird darin auf die Religion der Bürger nicht im Mindesten
Rücksicht genommen. Jenen Feiertag als Beweis für eine
bestehende Verbindung zwischen Staat und Kirche anzusehen,
fällt selbst nicht dem allerorthodoxesten Yankee ein. Wenn
Washington z. B. einen solchen Feiertag anordnete, so that
er dies ohne jede gesetzliche Autorität; denn die Constitution
verbietet eine jede staatliche Einmischung in Religionsangelegen-
heiten. Er that es also mit demselben Rechte oder Unrechte,
mit dem es jeder andere Bürger hätte thun können. Auch
schrieb er dadurch ebenso wenig ein religiöses Fest vor, wie er
durch seinen Gebrauch vor dem Mittagessen zu beten, das Tisch-
gebet zur Regel für alle Bürger der Vereinigten Staaten machte.

Eine Anerkennung der Religion oder vielmehr des Glaubens an Gott will man in den Einleitungen (preambles) zu den meisten Staatsconstitutionen erblicken. Dieselben fangen allerdings größtentheils mit einem Danke gegen Gott an, enthalten aber nicht die geringste Hindeutung auf Christus, das ewige Leben u. s. w. Der Gott, dem hier gedankt wird, ist auch kein specifisch christlicher Gott; und wollte man doch daraus auf eine Anerkennung der Religion schließen, so würde man sich gewaltig irren, denn eine Einleitung zur Constitution ist ja doch nicht die Constitution selber. Neun Staaten haben überhaupt eine derartige, auf einem alten Gebrauche beruhende und im Grunde nichtssagende Einleitung gar nicht. In diesen Einleitungen wird Gott hin und wieder allmächtig, allweise u. s. w. genannt; aber die meisten Constitutionen verlangen nicht, daß man an diesen Gott glauben und zum Zwecke seiner Verehrung Steuern zahlen soll. Allerdings bestrafen die Staatsgesetze öffentliche Gotteslästerung, aber nur im Interesse der guten Sitte und Ordnung. Blasphemie ist einmal keine edle Handlung, einerlei ob einer an Gott glaubt, oder nicht. Gotteslästerung wird also nicht Gottes, sondern der Menschen wegen bestraft. Richter Wharton stellt Lästern und Fluchen mit Trunkenheit in eine Kategorie. Nach den Gesetzen des Staates New-York wird jeder Flucher um einen Dollar gestraft; kann er denselben nicht zahlen, so muß er auf nicht weniger als einen Tag und auf nicht mehr als drei in das Gefängniß wandern. Hier hat natürlich die Polizei nur mit Bürgern als solchen, nicht aber mit Mitgliedern einer religiösen Secte zu thun.

Mit der Gotteslästerung ist es eine eigene Sache. Sie wird in allen civilisirten Ländern bestraft, aber zugleich erlaubt man doch, daß die Existenz Gottes durch öffentliche Reden und Schriften in Frage gezogen oder in das Reich der Träume verwiesen wird, kann man nun auch etwas lästern, dessen Dasein man bestreiten läßt?

Ueber den Eid haben wir bereits gelegentlich einige Bemerkungen gemacht. Der Präsident schwört oder betheuert

(affirms) beim Antritt seines Amtes, die Constitution aufrecht
zu erhalten; dasselbe thun die Mitglieder des Bundescongresses
sowie der einzelnen Staatslegislaturen. Jeder kann schwören
oder betheuern, wie es ihm beliebt; denn Beides hat denselben gesetzlichen Werth. Die Gesetze von Missouri und den
meisten anderen Staaten sagen ausdrücklich, daß es demjenigen,
der aus irgend welchem Grunde gegen das Schwören und
den damit verbundenen Gebrauch der Bibel sei, erlaubt sein
solle, seine Aussage einfach zu betheuern. New-York erlaubt
den Anhängern verschiedener Secten nach ihrem speciellen
Ritus zu schwören. Der Eid wird also weder als ein ausschließlich religiöser Act angesehen, noch ist damit irgend ein
Zwang verbunden. Wer in der herkömmlichen Weise schwören
will, kann es thun; eine Betheuerung aber, die Wahrheit
gesagt zu haben, kann Jeder, Deist wie Atheist, abgeben.
Der Zweck des Eides oder der Betheuerung ist einfach der:
die Wahrheit an das Licht zu bringen und daher sind dafür
durchaus keine religiösen Qualificationen nöthig. Der Muhamedaner kann auf den Koran schwören und der Staat nimmt
seinen Eid an, ohne deshalb die muhamedanische Religion
anzunehmen. Der Schwur des Buddisten, Juden und Mormonen hat denselben gerichtlichen Werth wie der eines Methodisten; denn er gilt ja nicht für eine christliche Einrichtung.
Wäre das Gegentheil der Fall, so wäre wenigstens im Princip
der Grund zu einer Staatsreligion gelegt.

Eine gewisse Anerkennung der Religion ist in dem Gesetze
zu suchen, nach welchem die Geistlichen (chaplains) für die
Armee ernannt werden. Nach demselben kann nur ein wirklich
ordinirter und gut empfohlener Theologe Prediger der Land-
armee werden; aber es ist nicht ausdrücklich gesagt, daß er
gerade ein ordinirter christlicher Prediger sein muß. Die
Geistlichen der Flotte brauchen überhaupt gar keine Fach-
theologen zu sein und können ihren Gottesdienst einrichten,
wie es ihnen beliebt, wenigstens existiren darüber keine gesetzlichen Vorschriften. Der einzige Beweggrund, Geistliche für
die Armee und Flotte aus der Bundescasse zu besolden, ist

darin zu suchen, daß auf diese Weise den Soldaten und Matrosen wenigstens die Gelegenheit gegeben wird, einem Gottesdienst beiwohnen zu können.

Fernerhin ist zu bemerken, daß die Sitzungen der Staats-legislaturen meistens mit einem Gebete eröffnet werden. Es ist dies ein alter Gebrauch über den die Gesetze selbst kein Wort sagen; auch braucht derjenige, der das Gebet spricht, kein Geistlicher zu sein. Michigan und Oregon schreiben vor, daß dafür kein Geld ausgegeben werden darf.

In New-York ist für die Miliz vorgeschrieben, daß jedem Regiment ein ordinirter christlicher Geistlicher beigegeben werden soll; eine bestimmte Confession desselben ist hingegen nicht angegeben. Fernerhin verlangen die Gesetze jenes Staates, daß für jedes Staatsgefängniß ein Geistlicher angestellt werde, der nach den Regulationen des Gefängnißinspectors Sonntags Gottesdienst halten und die Gefangenen in ihren Zellen be-suchen soll, um ihnen religiösen und moralischen Unterricht zu ertheilen. Auch wird jedem Gefangenen auf Staatskosten eine Bibel und ein Gesangbuch geliefert. So thut also der Staat sein Bestes den Gefangenen Gelegenheit zur Befrie-digung ihrer religiösen Bedürfnisse zu geben; daß er somit den Bürgern eine im Grunde genommene unconstitutionelle Steuer für religiöse Zwecke auferlegt, ist unstreitig wahr; wie sollte er sich aber in diesem Falle anders helfen?

Der Staat Michigan erlaubt, wie wir gesehen haben, kein Salair für die Geistlichen der Legislatur, bestimmt aber, daß jedes Gefängniß einen Geistlichen anstellen soll. Doch die Geistlichen der Armee, Flotte und Gefängnisse nehmen eine Ausnahmestellung ein und haben überhaupt nichts mit der Volksmasse, sondern nur mit einem geringen Bruchtheile derselben zu thun.

Allen Geistlichen ist auch unter besonderen Vorschriften erlaubt, Brautpaare zu trauen; aber sie handeln hier nur als Beamte und nicht als Vertreter der Religion.

Ist also die amerikanische Union ein christliches Land? Ja, wenn wir damit meinen, daß sich die Mehrzahl der Ein-

4

wohner zum Christenthum bekennt; in diesem Falle ist es zugleich ein protestantisches Land. Officiell aber ist die Union kein christliches Land und wer Bürger desselben werden will wird mit keinem Worte nach seinem Glaubensbekenntniß gefragt.

Die amerikanischen Gesetze erkennen nur Bürger an, die alle gleiche Rechte genießen. Juden, Muhamedaner und Swedenborgianer können, wenn sie Bürger sind, öffentliche Aemter bekleiden, ja sogar Präsident der Republik werden, vorausgesetzt, daß sie innerhalb derselben geboren sind.

Daß sich also Amerika gesetzlich nicht zur christlichen Religion bekennt, ist eine Thatsache, die manchen hyperorthodoxen Geistlichen nicht so recht zu gefallen scheint und sie würden sich gerne zufrieden geben, wenn wenigstens vorläufig das Dasein Gottes durch die Bundesconstitution anerkannt würde. Doch dies sind Geistliche vom Schlage der neu-englischen Puritaner, die da eine officielle Religion besaßen und kraft derselben Hexen verbrannten und Quäker mißhandelten.

Als der reiche Girard in Philadelphia einen großen Theil seines Vermögens für die Erziehung weißer Waisenknaben bestimmte, verordnete er, daß [in jener Anstalt kein Geistlicher oder Missionär irgend einer Secte [wirken noch dieselbe als Besucher betreten dürfe. In dieser Clausel glaubten nun die Erben Girard's einen Grund gefunden zu haben, um das Testament anfechten zu können. Sie engagirten den tüchtigsten Advokaten Amerika's, den berühmten Daniel Webster, um ihre Sache zu verfechten. Derselbe ließ alle juristischen Minen springen um zu beweisen, daß jene Clausel dazu[an-gethan sei, den Respect des Volkes [vor der Religion und besonders vor der christlichen zu untergraben und malte dann in glühenden Farben die daraus sich ergebende Sittenverderbniß. Jene Rede wird heute noch als Muster ihrer Art angesehen und die Befürworter der Idee, daß Amerika ein christliches Land sei, betrachten sie als ihr Evangelium. Webster gab vor, im Interesse der Religion zu reden; in Wirklichkeit aber wollte er so und so viele Waisenknaben auf die Straße

setzen, damit das ihnen bestimmte Geld in die Hände hab-
gieriger Erben käme. Dies war hier Webster's Religion und
Christenthum. Glücklicherweise entschied der Gerichtshof anders.
Er erklärte Girard's Institut für eine wohlthätige Anstalt,
die als solche Steuerfreiheit genießen solle. Girard hatte bestimmt, daß die Waisenknaben in der M o r a l unterrichtet
würden, damit sie später beim Eintritte in die Welt Wohl-
thätigkeit gegen ihre Mitmenschen übten und im Reden und
Handeln Wahrheitsliebe bekundeten. Ist ein Institut, in dem
dergleichen angebahnt wird, wohl religionsfeindlich? Im be-
jahenden Falle stünde es sehr schlecht um die Religion, besonders aber um das Christenthum.

Als das Christenthum noch ein Theil der allgemeinen
Gesetze war, da blühte die Verfolgnngssucht und der wahn-
sinnigste Fanatismus. In New-York war es früher im Interesse des Christenthums den katholischen Geistlichen bei Todes-
strafe zu verbieten, den Sterbenden die letzte Oelung angedeihen zu lassen. Die christlichen Tugenden der Sanftmuth,
der Demuth und des Mitleides sind sicherlich edle, wohl zu
beherzigende Tugenden, aber einen Staat und zwar einen
demokratischen, kann man damit allein nicht in einer unwirth-
lichen Wildniß gründen. Das Christenthum lehrt, die linke
Backe hinzuhalten, nachdem man einen Streich auf die rechte
erhalten hat; aber seine Anhänger, die Quäker vielleicht ausgenommen, haben sich niemals sonderlich um dieses Gebot
bekümmert, sondern haben es stets vorgezogen sich an das
alttestamentliche „Auge um Auge, Zahn um Zahn" zu halten.

Politische Freiheit und Unabhängigkeit sind nicht Töchter
der Sanftmuth und der stillen Ergebung in das Schicksal,
sondern vielmehr Töchter der männlichen Thatkraft, die da
bereit ist, für ein edles Ideal Alles zu opfern. Da hingegen,
wo ausschließlich jene christlichen Tugenden herrschten, wurde
der Despotismus jeder Art in Permanenz erklärt und das
Wort des Galaterbriefes „Ihr seid zur Freiheit berufen"
verlor seine Bedeutung. Das Christenthum will Brüderlichkeit
lehren und üben; wohlan, Zeit und Gelegenheit hat es dazu

stets. Hier stehen ihm keine staatlichen Hindernisse entgegen; denn der 28. Paragraph der Augsburger Confession, der da Trennung des Staates von der Kirche verlangt, ist hier zur practischen Ausführung gekommen. Hier kann also das Christenthum sein wahres Gesicht durch Thaten und Worte zeigen. Tritt es im gespenstigen Gewande des Mittelalters auf, so muß es sich mit unseren Gesetzen abfinden; kämpft es, wie bisher seine vorgeblichen Vertreter, gegen Licht, Aufklärung und Wissenschaft, so muß es sich auf den Widerstand aller Gebildeten gefaßt machen; kommt es aber als Spenderin einer geläuterten Religion, die da statt Haß Liebe predigt und vor allen Dingen auch practisch übt, dann soll es uns jederzeit willkommen sein; dann ist sein Sieg gewiß, denn es vertritt ja die Sache der echten Humanität. Dixi.